Reiselyrik

INTERPRETATION

von Ulrich Vormbaum

STARK

© 2020 Stark Verlag GmbH
www.stark-verlag.de

Inhalt

Autor: Ulrich Vormbaum

Vorwort

Liebe Schülerin, lieber Schüler,

seit Beginn der Neuzeit ist die Neugier ein vorherrschender Antrieb für das Reisen gewesen. Und auch heute übt es auf uns einen starken Reiz aus, aus dem Alltag an unserem angestammten Ort aus- und aufzubrechen, um neue Länder und andere Kulturen zu erkunden.

Die Geschichte der deutschen Lyrik hat diesem Verlangen nach Neuem in vielen **Reisegedichten** durch die **verschiedenen Epochen** hinweg Ausdruck verliehen. Dabei scheint in den Texten auch immer wieder auf, wie sehr das **Unterwegssein** sinnbildlich für den **Lebensweg** des Menschen steht. Diese Entsprechung kommt vor allem dem Barock entgegen, findet sich aber auch noch nach der Aufklärung, wenn beispielsweise die Schifffahrt als Selbstbehauptung (Sturm und Drang) oder Reifung (Klassik) aufgefasst wird und die Sehnsucht groß wird, die Wanderschaft möge nie zu Ende gehen (Romantik). Ein weiterer stilprägender Aspekt ist, dass mit der **technischen Entwicklung der Verkehrsmittel** vom 19. Jahrhundert (Eisenbahn) bis ins 20. Jahrhundert (Auto, Flugzeug) die Art des Reisens sich erheblich verändert und zum modernen Tourismus mit immer mehr Menschen und immer weiteren Reisezielen geführt hat.

Über die **Gliederung der Kapitel in Epochen** möchte der vorliegende Band zeigen, wie sehr diese umfassende Entwicklung auch die unterschiedlichen **Ausdrucksmöglichkeiten** der Gedichte geprägt hat. Dabei sollen Ihnen **Schaubilder**, **Zusammenfassungen** und **Übungsaufgaben** mit Lösungen einen selbstständigen Gang durch die Geschichte der Lyrik erleichtern.

Für diese geistige Reise wünsche ich Ihnen Freude an neuen Erkenntnissen und eine gute Portion Neugierde!

Ulrich Vormbaum

1 Die Reise als Sinnbild

Das Zeitalter des Barock (ca. 1600–1720)

> *Die geistliche Schifffahrt*
> *Die Welt ist meine See, der Schiffmann Gottes Geist,*
> *Das Schiff mein Leib: die Seel ist's, die nach Hause reist.*
> Angelus Silesius (1624–1677),
> Cherubinischer Wandersmann (1675), 2. Buch, Epigramm Nr. 69

Reisen unternimmt der Mensch zu allen Zeiten in der abendländischen Geschichte. Allerdings ist zu Beginn der Neuzeit in der Zeit des **Barock** das Unterwegssein mit großen **Unsicherheiten** und **Hindernissen** verbunden. Zur Fortbewegung gab es lediglich die Alternative zwischen Reit- und Zugtieren (verbunden mit Kutschen oder Karren) zu Lande oder Schiffen und Kähnen zu Wasser. Ansonsten war es der Mensch gewohnt, weite Strecken zu Fuß zurückzulegen. Allerdings waren viele Gegenden im Europa des 17. Jahrhunderts dünn besiedelt und wenig erschlossen, überall lauerten Gefahren. Der **Dreißigjährige Krieg** (1618–1648) verwüstete große Teile Deutschlands, brandschatzende und plündernde Soldaten waren an der Tagesordnung. Einzeln umherziehende Söldner, die sich oft zu Banden zusammenschlossen, legten es regelrecht darauf an, Reisegesellschaften auszurauben. Zudem entvölkerten Hungersnöte und **Seuchen**, vor allem die Pest, ganze Landstriche.

Nicht zuletzt vor dem Hintergrund solcher Wirren und Gefährdungen beschränkte sich die Mobilität der meisten Menschen in Deutschland auf einen sehr **engen Radius**. Höchst selten reiste man aus reiner Lust und Neugierde durch die Lande.

Jacques Callot: Überfall auf eine Reisegesellschaft (1633)

Wer nicht als Soldat am Krieg teilnahm oder als Zivilist vor dem Krieg oder den Seuchen floh, verband mit dem Unterwegssein meist einen anderen wichtigen Zweck, sei es aus wirtschaftlichen, politischen oder religiösen Motiven heraus: Fahrende **Händler, Handwerker oder Gaukler** zogen zur Sicherung ihrer Existenz von einer Stadt zur anderen, **Gesandte und Diplomaten** machten sich auf den Weg zu fremden Fürstentümern, Pilger wanderten auf alten Routen entlang bekannter Wallfahrtsorte Richtung Spanien oder Italien. Darüber hinaus lockten die südlichen europäischen Länder seit der Renaissance die **Künstler** an und waren zudem ein traditioneller Bestandteil der sog. Kavaliersreise durch Europa, welche junge Adelige zu ihrer Bildung und zu ihrem Vergnügen durch Städte wie Venedig, Florenz und Rom führte.

In der **Barockdichtung** wird dem tatsächlichen Reisen eher weniger Beachtung geschenkt. So lässt zwar ein bekanntes Werk wie *Der Cherubinische Wandersmann* des Dichters Angelus Silesius (1624–1677) vom Titel her die gereimten Eindrücke eines Pilgers bei der Wanderschaft erwarten, in Wirklichkeit aber enthält die Sammlung eine Vielzahl von kurzen geistreichen Sinnsprüchen (Epigrammen), die den **spirituellen, mystischen Weg zu Gott** reflektieren (vgl. Cherub = Engel, himmlischer Wächter). Die Reise ist hier also nur als **Bild**, nicht als faktisches Ereignis gedacht. Deutlich zeigt sich dies an dem Sinnspruch, der diesem Kapitel vorangestellt ist: *Die geistliche Schifffahrt* verweist auf das Leben als Reise auf stürmischem Meer, das mit seinen unergründlichen Tiefen und gefährlichen Klippen für die Welt steht. Mit dem Reisenden aber ist in diesem Bild die **Seele** gemeint, die ihren wahren Bestimmungsort erst im Hafen ewigen Heils bei Gott erreicht. Noch heute findet sich in Todesanzeigen die Umschreibung, der Verstorbene habe seine **letzte Reise** angetreten.

Barockes Weltgefühl

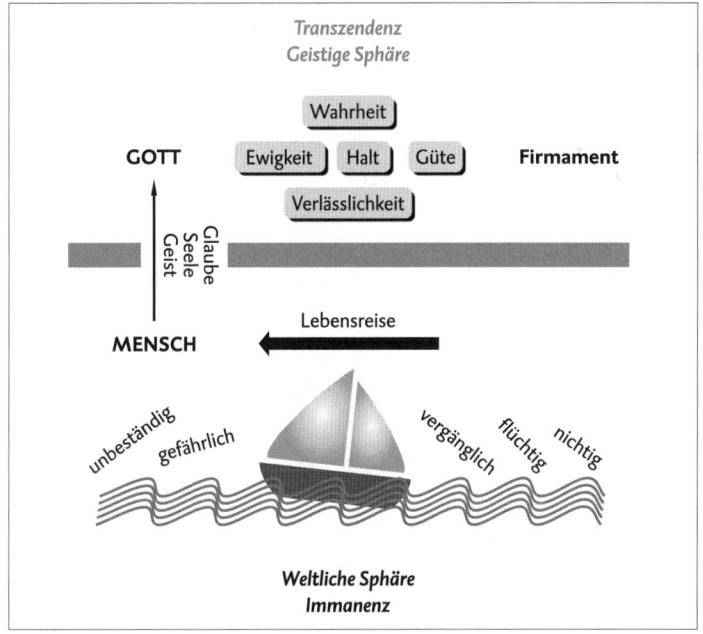

Reise in einem übertragenen Sinn findet in der Barocklyrik als festgefügtes Sprachbild (Topos) immer wieder Verwendung. Es entspricht dem Weltgefühl der damaligen Zeit, Erfahrungen und Sachverhalte aus der Lebenswelt auf eine geistige **Meta-**

Ebene zu beziehen. Zur Reise als Prozess gehört die gefahrvolle Bewegung in unbekannte Gefilde (vgl. die stürmische See) ebenso wie der Umstand, dass sie einen Anfang und ein Ende hat. Insofern eignet sich das Phänomen der Reise als **Metapher** für die Unbeständigkeit und Flüchtigkeit des Lebens. Zugleich aber wirft ein solches Bild von der Lebens(see)reise die verzweifelte Frage nach Beständigkeit und Verankerung auf. Für eine Orientierung sorgt der Kapitän des Schiffes, „Gottes Geist", der sich beim Navigieren am Firmament ausrichtet. Damit verwandelt sich das Bild des eingangs zitierten Epigramms von Silesius, denn im Körper des Schiffsbauches befindet sich die Seele als die eigentliche Reisende, die sich auf eine **metaphysische Reise** begibt. In diesem Überschreiten der Grenzen des irdischen Diesseits auf ein geistiges Jenseits hin steckt im Wortsinne ein **Transzendieren:** Das Leben auf der Erde (in der Immanenz) ist kurz, unberechenbar und leidvoll, nur die Ausrichtung im Glauben auf Gott (die Transzendenz) verspricht Verlässlichkeit, Erlösung und ewiges Leben.

Der Mensch steht in der barocken Welt auf schwankendem Boden, alles Irdische gilt als trügerisch und nicht tragfähig. „**Vanitas**" lautet für diesen Zustand der zentrale lateinische Begriff, was so viel wie „leerer Schein, Nichtigkeit, Eitelkeit" bedeutet. Alles Körperliche auf der Welt, die Natur, der Mensch und seine Errungenschaften, ist ohne die geistige Sphäre ein leerer Schein, da dem Vergehen unterworfen. Der Mensch, der seine Vergänglichkeit ignoriert, gilt als eitel. Maßgeblich ist im barocken Denken also das **Gesetz der Zeit**, das Prinzip des Raumes ist sekundär. Wo der Mensch sich aufhält, erscheint vor dem Hintergrund seiner Sterblichkeit beinahe belanglos. Das heißt aber nicht, dass dem weltlichen Reisen keine Bedeutung zukommt. Das Umherirren in der Welt liefert ja erst das bildliche Anschauungsmaterial dafür, dass die wahre Reise, abgespalten vom Irdischen, zu Gott als dem eigentlichen Zielort führt.

Immanenz und Transzendenz sind also als Gegensätze aufeinander bezogen. In diesem Spannungsverhältnis ist die **Zwiespältigkeit des barocken Menschen** begründet: hier die Hinfälligkeit seines Körpers – dort die Unsterblichkeit seiner Seele; hier die Lebensfreude des Carpe diem („Nutze/genieße den Tag"), die Extravaganz und Erotik – dort die Todessehnsucht des Memento mori („Gedenke des Todes"), die Einsicht in die Eitelkeit und die Askese; hier das ruhelose Hinausgehen in die Welt und die Entdeckerlust – dort das meditative In-sich-Gehen und Verharren im Glauben. Das Spiel mit diesen Antithesen gehört zum immer wiederkehrenden Bilderschatz der Barockdichtung. Mal liegt der Schwerpunkt darauf, das Einswerden der Seele mit Gott (unio mystica) anzudeuten, mal darauf, auf die menschlichen Schwächen hinzuweisen.

In einem seiner Epigramme hat Martin Opitz (1597–1639) das Umherziehen in der Welt als eine solche menschliche Torheit angeprangert. Es heißt „Sta viator!", was aus dem Lateinischen übersetzt so viel heißt wie „Halte inne, Reisender!".

MARTIN OPITZ
Sta viator! (1630)[1]

Ihr blinden Sterblichen, was zieht ihr und verreist
Nach beider Indien? Was wagt ihr Seel und Geist
Für ihren Knecht, den Leib? Ihr holet Krieg und Streit,
Bringt aus der neuen Welt euch eine Welt voll Leid.
5 *Ihr pflügt die wilde See, vergesset euer Land,*
Sucht Gold, das eisern macht, und habt es bei der Hand.
[…]
Hierher Mensch! Die Natur, die Erde rufet dir:
Wohin? Nach Gute. Bleib! Warum? Du hast es hier.

V. 2: Nach beider Indien – aus damaliger europazentrierter Sicht unterschied man zwischen der vorderen (westlichen) Hälfte des heute mit Indien bezeichneten Festlandes und der hinteren (östlichen) Hälfte; V. 8: Nach Gute – gemeint: dort, wo es schön und gut ist

Der achtzeilige Auszug des Gedichts, das dem Reisen in andere
Länder eine klare Absage erteilt, weist inhaltlich eine dreiglied-
rige Struktur auf: Fragestellung, Antwort und Schlussfolgerung.
Bereits die Befehlsform in der Überschrift lässt einen katego-
rischen Ton des lyrischen Sprechers anklingen: Der Reisende
wird aufgefordert, stehen zu bleiben, was in zweifacher Hinsicht
zu verstehen ist. Zum einen soll er sich die Muße nehmen, die
Inschrift dieser Verszeilen zu lesen, darüber hinaus aber soll er
sein Selbstverständnis und seine Gewohnheiten hinterfragen,
wenn ihm als Umherziehendem („viator") die Alternative des
Bleibens („stare") entgegengestellt wird. Entsprechend setzen
die ersten Zeilen des Gedichts tatsächlich mit zwei **Fragen nach
dem Sinn und Zweck des Reisens** in weit entlegene Länder
ein. In der ersten Frage werden die Reisenden als „blind[e]
Sterblich[e]" (V. 1) angesprochen, was nicht nur dem lyrischen
Sprecher eine überlegene Position verleiht, sondern auch zugleich das Reisen als widersinnig erscheinen lässt. Warum sollte
man sich nach Vorder- und Hinterindien aufmachen, wenn man
blind ist und nichts von der Welt sehen kann?

Dabei kann die **Blindheit** auch im übertragenen Sinn und
mit Bezug zu den typischen barocken Motiven der Vanitas und
des Memento mori so gemeint sein, dass der Mensch als Sterb-
licher auf Erden der Eitelkeit unterworfen und **zu keinem wahren Erkennen fähig** ist. Nachdruck wird dieser These durch die
anschließende zweite **Frage nach dem Geist und der Seele**
verliehen. Beide haben einen höheren Status als der vergängliche
Körper („Leib"), der als ihr Knecht bezeichnet wird (vgl. V. 3).
„Seel und Geist" (V. 2) scheinen mehr der Hinwendung zu Gott
vorbehalten zu sein als für waghalsige irdische Reisen. Die bei-
spielhaften Antworten auf die Fragen des lyrischen Sprechers
zeigen denn auch, dass das **Umherziehen** durch die Welt eher
der **Erfüllung niederer Instinkte** dient, wenn es mit Erobe-
rungsfahrten und Beutezügen gleichgesetzt wird: Krieg, Streit

(vgl. V. 3), Leid (vgl. V. 4), Bereicherung und Ausbeutung (vgl. „Gold", V. 6) werden als Folgen und Beweggründe solcher weltlicher Reisen aufgezählt.

Die rhetorische Struktur des Gedichts schält sich nun deutlich heraus. Der lyrische Sprecher stellt die Fragen nach dem Sinn des Reisens, um sich dann selbst eine negativ konnotierte Antwort zu geben. Dabei wirken seine Aussagen schlüssig, was durch die gereihten Paarreime mit ausschließlich männlichen Kadenzen unterstrichen wird. Auch einer sofortigen Schlussfolgerung kann sich der lyrische Sprecher nicht enthalten. Der Reisende wird nachdrücklich **aufgefordert, hier zu bleiben**. Dabei ist der **Befehlston** derart bestimmend, dass das jambische Versmaß aufgesprengt wird und der Ausruf „Hierher Mensch!" (V. 7) auf allen drei Silben betont wird. Die Eindringlichkeit wird in der Schlusszeile noch dramatisch gesteigert, da sie aus einem mehrteiligen pointierten Dialog zwischen dem lyrischen Sprecher und dem angesprochenen Reisenden besteht. Teilweise in Einwortsätzen wird in gedrängter Rede und Gegenrede ermittelt, dass das gute Leben („Nach Gute.", V. 8) nicht auf Reisen gesucht werden muss, da man es bereits vor Ort findet. Dabei ist mit dem guten Leben eben nicht die Gier nach Neuem oder materielle Bereicherung gemeint, sondern eine ethische Verantwortlichkeit, die Streit vermeidet.

Der **lyrische Sprecher** tritt also in diesem Gedicht als eine Art **moralische Instanz** auf, die sehr bestimmend und rhetorisch versiert an den Reisenden bzw. an den reisefreudigen Leser den Appell richtet, das Umherziehen durch die Welt zu unterlassen und an seinem angestammten Ort zu bleiben.

Solche epigrammatischen Lebensweisheiten lassen vermuten, dass die barocken Dichter selbst nicht reisten. Das Gegenteil ist der Fall. Opitz, der Begründer der schlesischen Dichterschule, diente als Poet verschiedenen Grafen und reiste in deren Auftrag nicht selten zu anderen Fürstentümern. Auch studierte er ebenso an der damals äußerst renommierten holländischen Universität Leiden wie die schlesischen Dichter Andreas Gryphius (1616–1664) und Christian Hoffmann von Hoffmannswaldau (1617–1679). Die beiden Letztgenannten nahmen außerdem unabhängig voneinander trotz der Wirren des Dreißigjährigen Kriegs an ausgiebigen Kavalierstouren durch Frankreich und Italien teil. Der in Sachsen geborene Lyriker Paul Fleming (1609–1640) hielt sich ebenfalls in der Universitätsstadt Leiden auf und erwarb dort kurz vor seinem Tod die medizinische Doktorwürde. Darüber hinaus begleitete Fleming eine fürstliche Gesandtschaft auf ihrer langjährigen und abenteuerlichen Reise nach Persien und nach Russland, woran noch heute seine Gedichte über Moskau erinnern.

Die Verse, die während dieser Reisen oder im Anschluss entstanden, zeugen selten von einem persönlichen Erleben, meist dienen die bereisten **Orte als Sinnbilder** zur Darstellung der für die Barocklyrik **zentralen Motive** (Vanitas, Memento mori). Die tatsächliche Landschaft und Architektur kommen dagegen in ihrer eigenen Besonderheit und Atmosphäre kaum zur Geltung. Beispielhaft lässt sich dies an einem Gedichtausschnitt von Hoffmannswaldau zeigen. Die hier abgedruckten Strophen mögen durchaus die Erfahrungen des Autors aus seiner Romreise widerspiegeln, beherrschend ist jedoch das allgemeine Thema der Vergänglichkeit, wie dies bereits der Gedichttitel ankündigt:

CHRISTIAN HOFFMANN VON HOFFMANNSWALDAU
Die allgemeine Vergänglichkeit (1679)[2]

Diß was durch Menschen Hand ist worden aufgeführet /
Die Seule / die erkühnt die Wolcken fast berühret /
An der vermischtes Ertzz umhalst den Marmelstein /
Stirbt eben so / wie wir. Wir schauen / wie die Bogen /
5 *Dadurch Domitian und Titus ist gezogen /*
Zustümmelte Geripp' und halb begraben seyn.

Diß was Vespasian zum Schauplatz ihm erkohren /
Und in dem Tode noch Paläste hat gebohren /
Ist zwar Verwunderung / doch auch des Traurens werth /
10 *Nichts lebet / was allda gesessen und geschauet /*
Es hat / was dazumahl auf ewig war gebauet /
Der Zeiten Zahn zermalmt / der Jahre Rest verzehrt.

Das grosse Capitol / der Brunnen der Gesetze /
Der Sieger treue Schloß / der Sammelplatz der Schätze /
15 *Da vormahls ieder Raum lag Kunst und Reichtthum voll /*
Hat aufgehört zuseyn: was Capitol itzt heisset /
Und jenem alten gleich zuwerden sich befleisset /
Dient itzt vor Grabe-Stein dem alten Capitol.

V. 1: aufgeführet – in Szene gesetzt, aufgebaut; V. 3: Marmelstein – Marmorstein; V. 5 und 7: Domitian, Titus, Vespasian – drei römische Kaiser; V. 6: seyn – sind; V. 13: Das grosse Capitol – das kultische Zentrum des antiken Roms auf einem seiner Hügel mit dem Capitolium, dem wichtigsten Tempel des Römischen Reichs; V. 18: itzt vor – jetzt als

Die hier vorgestellten Strophen machen ausgerechnet Rom, von alters her als die „Ewige Stadt" bekannt, zum Sinnbild einer untergegangenen irdischen Macht. Das Augenmerk gilt nicht den prächtigen neuen Bauwerken einer aufstrebenden Barockmetropole, es richtet sich vielmehr auf die Säulenfragmente aus der Antike, an denen einst in der Kaiserzeit die Herrscher im Triumph über das Forum Romanum hinauf zum Kapitol vorbeizogen. Die Vergänglichkeitsthematik wird mit Blick auf das Vergangene entfaltet, um die zerstörerische Kraft der Zeit zu zeigen. Vor diesem Hintergrund wird der imposante Kapitolsplatz der damaligen Gegenwart, ein Entwurf des Renaissance-Baumeisters Michelangelo, für den lyrischen Sprecher zu einem Grabmal, das allenfalls an das antike Capitolium erinnern, es jedoch nicht ersetzen kann.

Wie anders liest sich dagegen ein Gedicht des Romreisenden Andreas Gryphius, der sein lyrisches Ich – besser gesagt sein

„lyrisches Er" – nur mit großer Wehmut von ‚der Hauptstadt
der Welt' scheiden lässt:

ANDREAS GRYPHIUS
Als Er aus Rom geschidn (1646)[3]

Ade! Begriff der Welt'! Stadt der nichts gleich gewesen /
  Und nichts zu gleichen ist / in der man alles siht
    Was zwischen Ost und West / und Nord und Suden blüht.
  Was die Natur erdacht / was je ein Mensch gelesen.

5 *Du / derer Aschen man / nur nicht vorhin mit Besen*
  Auff einen Hauffen kehrt / in der man sich bemüht
    Zu suchen wo dein Grauß / (flieht trüben Jahre! Flieht /)
  Bist nach dem Fall erhöht / nach langem Ach/ genesen.

  Ihr Wunder der Gemäld' / ihr Kirchen und Palläst /
10 *Ob denn die Kunst erstarr't / du starck bewehrte Fest /*
  Du herrlichs Vatican / dem man nichts gleich kann bauen:

  Ihr Bücher / Gärten / Grüfft'; Ihr Bilder / Nadeln / Stein
    Ihr / die diß und noch mehr schliß't in die Sinnen ein /
  Fahrt wol! Man kann euch nicht satt mit zwei Augen schauen.

V. 5: vorhin – zuvor, einst; V. 10: Fest – Festung

Das Gedicht – in seiner vierteiligen Strophengliederung leicht
als **Sonett** erkennbar (vgl. Kasten auf S. 13) – ist ein **Lobgesang
auf die allumgreifende Schönheit Roms**. Wie sehr der lyrische Sprecher von dieser Stadt beeindruckt ist, zeigt sich gleich
zu Beginn an der Interjektion „Ade", mit der die Stadt so verabschiedet wird, als sei sie eine Person. Diese Form der persönlichen Anrede durchzieht das ganze Gedicht, wie die Personalpronomen „Du" für Rom im Allgemeinen (V. 5) bzw. für den Vatikan
im Besonderen (V. 10 f.) sowie „Ihr" (V. 9, 12, 13) für weitere
prächtige Einzelheiten belegen.

In der ersten Strophe rühmt der lyrische Sprecher die Stadt
Rom in ihrer Unvergleichbarkeit als Inbegriff der Welt (vgl. V. 1)

und stellt sie in den Mittelpunkt aller vier Himmelsrichtungen, was symbolisch an das christliche Kreuz erinnert. Zwar wendet er sich in der zweiten Strophe wie Hoffmannswaldau der Vergangenheit Roms zu und beklagt den Schutt und die Trümmer, die von grausigen Zeiten künden. Doch dient ihm die Asche (vgl. V. 5) nicht als Sinnbild der Vergänglichkeit, sondern im Gegenteil als Beweis für die „Ewige Stadt", die sich nach der Zerstörung wie ein Phönix zu neuem Glanz erhebt. In den zwei folgenden Strophen wird nun der vielen Sehenswürdigkeiten gedacht, ohne dass die einzelnen Kunstschätze, Prachtbauten, Gärten und Grüfte mit Namen benannt werden. Dabei zielt das Sonett auf die **abschließende Erkenntnis**, dass man sich an all dem Glanz und den Reizen, die die Barockmetropole zu bieten hat, nicht satt sehen könne, und dies, obwohl die Gemälde und Architektur gerade nicht von flüchtiger Dauer sind (vgl. V. 10: „Ob denn die Kunst erstarr't / du starck bewehrte Fest /"). Flüchtig ist dagegen der Mensch, der die Sinneslust, so gut er kann, genießt (Motiv: Carpe diem), irgendwann aber als Reisender die Stadt hinter sich lassen muss, was das Lebewohl der Schlusszeile, verknüpft mit dem Abschiedsgruß des Anfangs, bekräftigt.

Gedichtform: Sonett

- 4 Strophen bestehend aus 2 Quartetten (Vierzeiler) und 2 Terzetten (Dreizeiler)
- umschließender Reim + Paarreim in der Oktave (= die ersten 8 Zeilen: 2 × ABBA)
- Paarreim + umschließender Reim im Sextett (= die letzten 6 Zeilen: CCDEED)
  → wird auch Schweifreim genannt
- Versmaß: Jambus 6-hebig (unbetont – betont)
- das Versmaß wird Alexandriner genannt, wenn der Vers eine Zäsur (Einschnitt / Schrägstrich) nach der 3. Hebung aufweist
- im 1. Quartett wird das Thema vorgestellt, im 2. Quartett dazu ein Gegensatz oder eine erweiterte Perspektive gebildet; die beiden Terzette führen das angesprochene Thema dann zu einer endgültigen Schlussfolgerung
- durch die Verschlankung (von Vierzeiler zu Dreizeiler) entsteht eine dynamische Zielstruktur mit der Pointe/finalen Erkenntnis in der Schlusszeile

Gryphius' Romgedicht folgt in der Strophenform und im Reim-
schema – zwei Quartette mit umarmenden Reimen und zwei
Terzette mit Schweifreimen – dem streng vorgegebenen Aufbau
des Sonetts. Diese Regelhaftigkeit schlägt sich auch in der **inhaltlichen Struktur** nieder. Das erste Quartett kündet vom
Abschied aus Rom als einer blühenden Stadt und als Mittelpunkt der abendländischen Welt. Im zweiten Vierzeiler rückt
Rom dagegen in ein ganz anderes Licht, wenn der lyrische Sprecher über einem geschichtlichen Rückblick die Zerstörungen aus
der Vergangenheit in Erinnerung ruft und den langsamen Wiederaufbau anspricht. Die beiden Terzette versuchen nun als Beleg für die erfolgreiche Instandsetzung die unendlich vielen
Sehenswürdigkeiten aufzuzählen. Das Sonett gipfelt schließlich
in der endgültigen Aussage, dass der Reisende all diese Pracht
der römischen Metropole nicht gänzlich mit seinen Sinnen auf-
nehmen kann.

Gaspare Vanvitelli: Das Kolosseum und das Forum Romanum (1711)

Zusammenfassung

Das Reisen ist **kein** sehr **gängiges Thema** in der Lyrik des Barock. Die hier vorgestellte kleine Auswahl zeigt, dass die wenigen Gedichte selten ein subjektives Reiseerlebnis zum Ausdruck bringen und stattdessen das **Reisen eher sinnbildlich oder prinzipiell** behandeln. In den Epigrammen wird das Unterwegssein meist im übertragenen Sinn als Lebensreise bzw. als Seelenreise zu Gott verstanden (Silesius: *Geistliche Schifffahrt*), oder es wird grundsätzlich auf seine Sinnhaftigkeit hin befragt (Opitz: *Sta viator*). Auch Gedichte, die auf konkreten Reiseerfahrungen gründen, folgen letztlich den traditionellen poetischen Leitlinien und zielen auf ein **allgemeingültiges Motiv**, das über Zeit und Ort der tatsächlichen Reise hinausgeht. So werden für Hoffmannswaldau die antiken Ruinen Roms zum Mahnmal der „allgemeine[n] Vergänglichkeit" („Memento mori"). Eine gewisse Ausnahme bildet das Sonett von Gryphius („Als er aus Rom geschidn"), dessen lyrischer Sprecher sich auf nichts anderes als auf die Sehenswürdigkeiten der Ewigen Stadt zu beziehen scheint. Aber nicht das Erleben Roms steht im Mittelpunkt, sondern die Verabschiedung, in der die Kurzfristigkeit des Sinnesgenusses („Carpe diem") als grundsätzliche Erkenntnis reflektiert wird.

Übungsaufgabe 1

Andreas Gryphius: An die Welt (1658)[4]

> Mein oft bestürmtes Schiff der grimmen Winde Spiel /
> Der frechen Wellen Ball / das schier die Flut getrennet /
> Das über Klipp auf Klipp / und Schaum / und Sand gerennet /
> Kommt vor der Zeit an Port / den meine Seele will.
>
> 5 Oft wenn uns schwarze Nacht im Mittag überfiel:
> Hat der geschwinde Blitz die Segel schier verbrennet!
> Wie oft hab ich den Wind / und Nord' und Sud verkennet!
> Wie schadhaft ist Spriet / Mast / Steuer / Ruder / Schwert und Kiel.
>
> Steig aus du müder Geist / steig aus! wir sind am Lande!
> 10 Was graut dir für dem Port / itzt wirst du aller Bande
> Und Angst / und herber Pein / und schwerer Schmerzen los.
>
> Ade / verfluchte Welt: du See voll rauer Stürme!
> Glück zu mein Vaterland / das stete Ruh' im Schirme
> Und Schutz und Frieden hält / du ewig-lichtes Schloss!

V 4: an Port – an den Hafen; V 8: Spriet – Querstange zum Ausspannen des Segels;
V.10: für – vor, itzt – jetzt; V. 13: Vaterland – gemeint: das himmlische Land bei Gottvater

Aufgaben

1. Analysieren Sie die Bedeutung des Reisens in diesem Gedicht. Gehen Sie dabei auf die verwendeten Bilder von Schiff,
   Meer und Port ein.

2. Zeigen Sie, wie der formale Aufbau des Sonetts die Kernaussage des Gedichts unterstützt.

2 Die Reise als Selbsterfahrung

Sturm und Drang, Klassik (ca. 1770–1810)

> *„Noch immer auf der Woge mit meinem kleinen Kahn, und wenn die Sterne sich verstecken, schweb' ich so in der Hand des Schicksals hin, und Muth und Hoffnung und Furcht und Ruh wechseln in meiner Brust ...“*
>
> Aus einem Brief Goethes an Herder vom Juli 1772

Im 18. Jahrhundert bahnen sich mit dem Zeitalter der Aufklärung (ca. 1720–1800) in den gesellschaftlichen und kulturellen Lebensbereichen einschneidende Veränderungen an. Diese kündigen einen Wandel von der agrarisch strukturierten Ständegesellschaft zu einer frühen industrialisierten, bürgerlichen Gesellschaft an und bereiten den Weg zu einer viel stärker auf die einzelnen Erfahrungen des Individuums gründenden Weltsicht. Der historische Umbruch hat sowohl auf die Vorstellung vom Reisen als auch auf seine Darstellung in der Literatur einen maßgeblichen Einfluss.

Ab der zweiten Hälfte des 18. Jahrhunderts wird das Reisen in gehobenen und gebildeten bürgerlichen Schichten allgemein als ein wichtiges, wenn nicht gar, wie der ursprüngliche Wortsinn von Erfahrung es nahelegt, als *das* Mittel angesehen, um **sich zu entwickeln und zu bilden.** Johann Gottfried Herder resümierte 1769 am Ende seiner Reise nach Frankreich: „Wie anders lernt man die Welt kennen; je weiter man in sie tritt: jeder Schritt ist Erfahrung; und jede Erfahrung bildet.“[5] Das seit dem Mittelalter unter fahrenden Spielleuten und Handwerksgesellen geläufige Unterwegssein wird nun aufgewertet: Durch den Anspruch an **Horizonterweiterung, Freiheit und Vergnügen** wird es nicht nur für Adelige mit ihrer Kavalierstour reizvoll. Im Reisen zu Fuß, mit der Kutsche oder dem Schiff glaubt man sich der Wirklichkeit der Natur und der Natur des Menschen näher, der **Tourismus** war geboren.

In der Lyrik tritt das veränderte Reiseverständnis ansatzweise bereits in **Albrecht von Hallers** aufklärerischem Gedicht *Die Alpen* (1729) zum Vorschein. Der Dichter und Gelehrte verfasste es vor dem Hintergrund seiner Forschungsreisen und Streifzüge durch die Schweizer Bergwelt, die bislang noch als unbegehbar und bedrohlich galt. Ganz auf die diesseitige Natur gerichtet, baut sich in dem Gedicht mit insgesamt 49 Strophen die **Alpenlandschaft** wie ein riesengroßes Gemälde auf; in gedrängten Versen wird ein Naturschauspiel aus Details im Vordergrund und Felssilhouetten im Hintergrund inszeniert, allerdings ohne dass ein betrachtendes lyrisches Ich thematisiert wird.

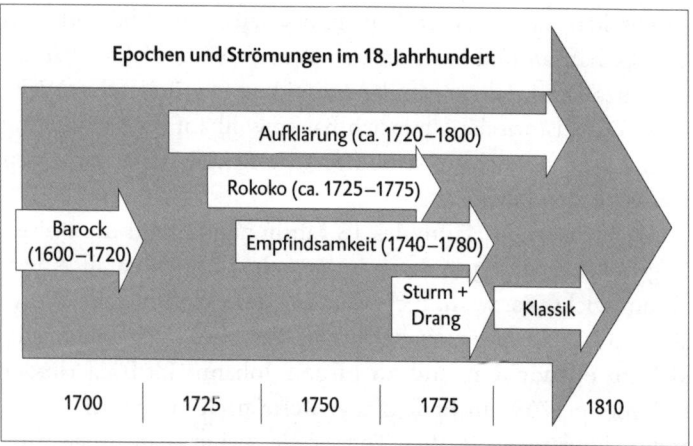

Zu solchen aus der theoretischen Neugierde erwachsenen Entdeckungsreisen gesellt sich als eine andere neue Form des

Unterwegsseins das sogenannte **Lustwandeln**. Auch diese aus reinem Vergnügen und meist in Gesellschaft unternommene Fortbewegung, sei es als **Spaziergang**, sei es als **Kahnfahrt**, wird um die Mitte des 18. Jahrhunderts zu einem beliebten Motiv in der Lyrik. Beispiele hierfür sind Friedrich von Hagedorns Rokokogedicht *Die Alster* (1747), das den Fluss in Hamburg als „Befördrer vieler Lustbarkeiten" preist, und Friedrich Gottlieb Klopstocks gefühlsstarke Ode *Der Zürcher-*

Daniel Chodowiecki: Der Spaziergang

see (1750), eine durch die literarische Strömung der Empfindsamkeit (1725–1775) geprägte Erlebnisdichtung, die aus den Eindrücken des Dichters von einer tatsächlichen, mit Freunden unternommenen Bootsfahrt entstand.

Mit der Bewegung des **Sturm und Drang** (ca. 1770–1785) und den Gedichten des jungen Goethe, der sich die empfindsame Dichtung Klopstocks zum Vorbild nimmt, setzt die eigentliche **Erlebnislyrik** ein. In der Unmittelbarkeit ihrer Darstellung, welche die Stimmungen und Empfindungen des lyrischen Ich ins Zentrum rückt, wird sie das Verständnis der lyrischen Gattung bis weit ins 19. Jahrhundert und zum Teil bis heute bestimmen. Die barocke Dichtung hatte in der Regel die weltlichen Erscheinungen als Sinnbild eines geistigen Prinzips dargestellt. Die Dichtung des Sturm und Drang wendet sich dagegen vermehrt der konkreten Wirklichkeit zu, wie sie im Augenblick des Hier und Jetzt empfunden wird. Eine **Aufbruchsstimmung** erfasst die Stürmer und Dränger, das **sub-**

jektive Erleben, die nicht von starren Regeln behinderte Selbstbestimmung und die Begegnung mit der unverfälschten Natur sind die Motive, die die jungen Intellektuellen antreiben. Und wie lassen sich solche Bedürfnisse nach Selbsterfahrung besser stillen als durch das Reisen und das Erkunden fremder Länder?

Wie sehr das Unterwegssein, insbesondere das Wandern, in Mode kam, davon zeugen die vielen Reisen der Dichter in dieser Zeit und die literarischen Werke, die während oder nach solchen Unternehmungen entstanden oder sie vorwegnahmen. Hatte bereits Werther, der Held von Goethes empfindsamem Roman, das Lustwandeln kleinerer Spaziergänge zu erlebnisreichen großen Wanderungen ausgedehnt, so begab sich auch sein Verfasser ein knappes Jahr nach Erscheinen des Bestsellers von Frankfurt aus auf eine größere **Reise**. Das Ziel war die **Schweiz**, das Land der Berge, Almen und Seen, das die Stürmer und Dränger zum wahren Mutterland der Natur im Sinne des Philosophen Rousseau erkoren hatten. Hier entstand, als man mit einer Kahnfahrt auf dem Zürichsee den Ausflug Klopstocks von vor mehr als einem Jahrzehnt wiederholen wollte, das folgende Gedicht: Johann Wolfgang Goethes *Ich saug an meiner Nabelschnur* (1775)[6], das später in einer etwas geglätteten Fassung den Titel *Auf dem See* erhielt.

Der biografische Kontext – eine Kahnfahrt mit Weggefährten auf einem von Bergen umgebenen See – ist in dem Gedicht deutlich erkennbar. Aber Erlebnislyrik erschöpft sich nicht darin, dass sie Ereignisse aus der Lebenswirklichkeit des Dichters widerspiegelt. Auch wenn es das Verständnis erleichtert, die Bezüge zur Realität zu kennen, wird eine Analyse dem Aussagegehalt des Gedichts erst gerecht, wenn sie sich auf den Text selbst konzentriert und das **Erleben des lyrischen Ich unabhängig vom Autor** aus dem wechselseitigen Verhältnis von Form und Inhalt erschließt.

Goethe: Ich saug an meiner Nabelschnur

Situation / Stimmung Bilder	Verse	Reim	Kadenz	Versmaß
Ich im Einklang mit „Mutter Natur" (Nabelschnur > Embryo, Busen, Wiege) im Kahn auf dem See	**8 Verse** Ich saug an meiner Nabelschnur Nun Nahrung aus der Welt. Und herrlich rings ist die Natur Die mich am Busen hält. Die Welle wieget unsern Kahn Im Rudertackt hinauf Und Berge Wolken angethan Entgegen unserm Lauf.	Kreuzreime	Am Bm Am Bm Cm Dm Cm Dm	Jambus ungerade: 4-hebig gerade: 3-hebig
Wendung nach innen (Auge, niedersinken) > Erinnerungen / Träume; mit einem Ruck Hinwendung zur Gegenwart	**4 Verse** Aug mein Aug was sinckst du nieder Goldne Träume, kommt ihr wieder Weg du Traum so Gold du bist Hier auch Lieb und Leben ist.	Paarreime	Ew Ew Fm Fm	4-hebiger Trochäus
Lichtreflexe (Sterne); Nebel und Wind im Zusammenspiel mit Welle, Ferne und Bucht; Natur in Großaufnahme; Selbsterfahrung (im Spiegel); Reifung: Ich als Teil der Welt	**8 Verse** Auf der Welle blincken Tausend schwe-ben-de Sterne Liebe Nebel trincken Rings die tür-men-de Ferne Morgenwind umflügelt Die beschat-te-te Bucht Und im See bespiegelt Sich die rei-fen-de Frucht.	Kreuzreime	Gw Hw Gw Hw Iw Jm Iw Jm	3-hebiger Trochäus mit Daktylen in den Versen 14, 16, 18 und 20

Erklärung: Kadenz = Schluss der Verszeile; m = männlich → betontes Ende; w = weiblich → unbetontes Ende; betonte Silben sind unterstrichen, die Nebenbetonungen (V. 2 und V. 12) kursiv gedruckt

Ein genaues Lesen macht deutlich, dass die Naturszenerie in den ursprünglich nur zwei Strophen (1.: V. 1–12; 2.: V. 13–20) recht unterschiedlich wahrgenommen wird. Ausgangspunkt ist das erlebende lyrische Ich (vgl. das Subjektpronomen gleich zu Beginn), das sich auf dem Kahn inmitten des Sees geborgen zu fühlen scheint: Es ist eingebunden in die wunderbare Natur („herrlich rings", V. 3), aber auch abhängig von ihr wie von einer Mutter, wie die Bilder vom Embryo („Nabelschnur", V. 1) und vom Säugling („Busen", V. 4; „wiegen", vgl. V. 5) betonen. In der zweiten Strophe erfolgt ein **Stimmungswechsel** („Aug mein Aug was sinckst du nieder", V. 9), das lyrische Ich kehrt sich nach innen und träumt von etwas Schönem („Goldne Träume", V. 10), reißt sich dann aber aus seinen Gedanken los und schaut bewusst und positiv in die Gegenwart („Hier auch Lieb und Leben ist", V. 12). Der Blick richtet sich wieder auf die umgebende Natur, erneut treten Welle (V. 5, 13), die Wolken (V. 7 und als „Nebel", V. 15) und die Berge (V. 7 und als „türmende Ferne", V. 16) in Erscheinung. Jetzt aber ist die Wahrnehmung anders, es fehlen die (besitzergreifenden) Pronomen, die **Naturelemente** sind nicht mehr auf das Ich oder Wir bezogen. Sie lösen sich aus dem Bild der Mutter Natur, gewinnen mehr **Distanz** (wie in Großaufnahme) und treten in ein Wechselspiel miteinander: Die Welle reflektiert das Licht, der Nebel vermischt sich mit der Ferne, der Wind weht in der Bucht. Diese Veränderung der Naturbilder geht mit einer Weiterentwicklung des lyrischen Ich vom Embryo bzw. Säugling zur „reifende[n] Frucht" (V. 20) einher.

Dieser **Wandel im Erleben** kommt auch durch ein sich veränderndes **Metrum** zum Ausdruck. Die erste Strophe weist ein jambisches Versmaß auf (Silbenfolge: unbetont – betont). Auf diese Weise entsteht ein sanfter Rhythmus, der durch den kontinuierlichen Wechsel von vier Hebungen (ungerade Verszeilen) und drei Hebungen (gerade Verszeilen) das Hin und Her einer **schaukelnden Bewegung** annimmt, das der Bildebene von der Mutter Natur, der Wiege und dem Rudertakt entspricht. Wie anders beginnt dagegen das Metrum der zweiten Strophe! Mit einem trochäischen (Wimpern-)Schlag (Silbenfolge: betont – unbetont) sinkt das Auge nieder und **träumerische Gedanken** stürzen auf das lyrische Ich ein. Nicht zuletzt durch die zwei aufeinanderfolgenden Paarreime (im Gegensatz zu den Kreuzreimen in der ersten Strophe) wirkt der so plötzlich veränderte **Rhythmus abgehackt**, die schnell aufwallende Emotion wird mit einer Emphase („Weg du Traum", V. 11) weggewischt.

Wenn sich das lyrische Ich der Umgebung wieder zuwendet (ab V. 13), ändert sich der Rhythmus aufs Neue, so wie sich auch das Verhältnis zur Umgebung grundlegend wandelt. Das **lyrische Ich** wird nicht mehr bewegt (durch das Wiegen der Mutter Natur), sondern es nimmt jetzt **aktiv** an den Bewegungen der Natur teil. Wie sich Sterne und Welle, Nebel und ferne Berge, Wind und Bucht miteinander austauschen und verändern, so erfährt sich auch das lyrische **Ich im Spiegel des Wassers** als **verändert und gereift**. Diesem neuen Rhythmus entspricht ein nun dreihebiges trochäisches Versmaß, das durch Daktylen (Silbenfolge: betont – unbetont – unbetont) in jeder zweiten Verszeile dem tänzelnden Zusammenspiel der Naturelemente Ausdruck verleiht. Mit der Wiederaufnahme der Kreuzreime aus der ersten Strophe und der Verwendung weiblicher Kadenzen aus dem Mittelteil entsteht in den letzten acht Versen eine **Synthese** als im Grunde genommen eigene dritte Strophe.

Die Analyse von Inhalt und Form des Gedichts *Ich saug an meiner Nabelschnur* macht deutlich, dass die **Kahnfahrt als Prozess** mit der **Weiterentwicklung des erlebenden Ich** einhergeht: Reisen und Reifen entsprechen hier einander. Das erlebende Ich durchläuft in seiner Entwicklung analog zu den drei Strophen die drei Stadien von Geborgenheit, Trennung und neu gefundener Einheit. Es löst sich aus seiner auf das kindliche Ich bezogenen Abhängigkeit von der Umwelt, der „Mutter Natur" (V. 1–8), fällt in Gedanken auf sein Innerstes zurück (V. 9–12) und findet sich zu einem selbstständigen Ich herangereift als Teil der Welt wieder (V. 13–20).

Wie sehr der junge Goethe die Reise mit dem Schiff als bildhafte Entsprechung für das Erlebnis des Aufbruchs und der Selbsterfahrung aufgefasst hat, zeigt das folgende Gedicht, das ein Jahr später entstand, nachdem Goethe es sich versagt hatte, die Schweizer Reise über den Gotthard hinaus nach Italien auszudehnen, und stattdessen nach seiner Rückkehr nach Frankfurt beschlossen hatte, einen neuen Lebensabschnitt am Weimarer Hof zu wagen.

JOHANN WOLFGANG GOETHE
Seefahrt (1776)[7]

Lange Tag' und Nächte stand mein Schiff befrachtet;
Günst'ger Winde harrend, saß mit treuen Freunden,
Mir Geduld und guten Mut erzechend,
Ich im Hafen.

5 *Und sie waren doppelt ungeduldig:*
Gerne gönnen wir die schnellste Reise,
Gern die hohe Fahrt dir; Güterfülle
Wartet drüben in den Welten deiner,
Wird Rückkehrendem in unsern Armen
10 *Lieb und Preis dir.*

Und am frühen Morgen wards Getümmel,
Und dem Schlaf entjauchzt uns der Matrose,
Alles wimmelt, alles lebet, webet,
Mit dem ersten Segenshauch zu schiffen.

15 *Und die Segel blühen in dem Hauche,*
Und die Sonne lockt mit Feuerliebe;
Ziehn die Segel, ziehn die hohen Wolken,

Jauchzen an dem Ufer alle Freunde
Hoffnungslieder nach, im Freudetaumel
20 Reisefreuden wähnend wie des Einschiffmorgens,
Wie der ersten hohen Sternennächte.

Aber gottgesandte Wechselwinde treiben
Seitwärts ihn der vorgesteckten Fahrt ab,
Und er scheint sich ihnen hinzugeben,
25 Strebet leise sie zu überlisten,
Treu dem Zweck auch auf dem schiefen Wege.

Aber aus der dumpfen grauen Ferne
Kündet leisewandelnd sich der Sturm an,
Drückt die Vögel nieder aufs Gewässer,
30 Drückt der Menschen schwellend Herz darnieder;
Und er kommt. Vor seinem starren Wüten
Streckt der Schiffer klug die Segel nieder,
Mit dem angsterfüllten Balle spielen
Wind und Wellen.

35 Und an jenem Ufer drüben stehen
Freund' und Lieben, beben auf dem Festen:
Ach, warum ist er nicht hier geblieben!
Ach, der Sturm! Verschlagen weg vom Glücke!
Soll der Gute so zugrunde gehen?
40 Ach, er sollte, ach, er könnte! Götter!

Doch er stehet männlich an dem Steuer;
Mit dem Schiffe spielen Wind und Wellen;
Wind und Wellen nicht mit seinem Herzen:
Herrschend blickt er auf die grimme Tiefe
45 Und vertrauet, scheiternd oder landend,
Seinen Göttern.

V. 3: Mut erzechend – sich Mut antrinkend; V. 9: Wird Rückkehrendem – syntaktische
Verkürzung, gemeint: wartet auf den Rückkehrer

Eine Interpretation auch ohne biografische Bezüge zum Autor legt nahe, die Hymne in der Tradition der Seefahrtsmetaphorik als **Gleichnis für die Lebensreise** zu verstehen. Dementsprechend könnten die Phasen des Wartens, Aufbrechens und des Widerstands gegen die stürmischen Wellen für einzelne Stationen in der Entwicklung des lyrischen Ich stehen. Dabei ist der inhaltliche **Ablauf** klar gegliedert: Jeweils zwei Strophen sind den einzelnen Stadien gewidmet. Zunächst wartet das lyrische Ich mit seinen Freunden am Hafen auf die Abfahrt (V. 1–10), dann erfolgt der freudige Aufbruch (V. 11–21). Auf der Fahrt über das Meer kommt das Schiff vom Kurs ab und es kündigt sich ein schwerer Sturm an (V. 22–34). Die Schlussstrophen beschreiben während des Sturms jeweils das unterschiedliche Verhalten der besorgten Freunde an Land und des selbstsicheren lyrischen Ich auf See. Wie jedoch die Fahrt ausgeht, ob sie mit einem Schiffbruch endet oder nicht, bleibt offen.

Formal ist das Gedicht **weniger regelhaft**. Dies sieht man bereits an den Strophen, die eine unterschiedliche Länge aufweisen. Neuartig ist auch, dass das Gedicht **ohne Reime** auskommt. Wohl aber lässt sich ein durchgängiges trochäisches Versmaß mit überwiegend fünf Hebungen erkennen. Dieser Rhythmus entspricht dem prozessualen Charakter der *Seefahrt*, dem Aufbruch und dem stürmischen Unterwegssein. Unterstützend begleitet wird die vorwärtsdrängende Tonlage (betont – unbetont – usw.) durch die Dramatik verknappter Aussagen und Aus-

rufe in den direkten Reden (2. und 7. Strophe) sowie durch den auffallend häufigen Gebrauch der reihenden Konjunktion „und" als Auftakt vieler Verszeilen (vgl. V. 5, 11, 12, 15, 16, 24 etc.). Solche Wortwiederholungen und Anaphern (vgl. auch V. 6 f., 29 f. und 37 f.) verstärken das ungeduldige Drängen und lassen einen dynamischen Sog entstehen, welcher der Seefahrt als zu bestreitendem Lebensweg etwas Unausweichliches, Schicksalhaftes verleiht.

Aber nicht der Topos der Lebensreise steht in dieser Sturm-und-Drang-Hymne im Vordergrund, vielmehr liegt der Fokus auf dem Erlebnis der Seefahrt und der Art ihrer perspektivischen Darstellung. Der Gedichtanfang gehört zunächst ganz dem lyrischen Ich, wie die Pronomen „mein" (V. 1), „Mir" (V. 3) und „Ich" (V. 4) anzeigen. Dadurch, dass aufgrund der ungewöhnlichen Satzstellung (Inversion) das Subjektpronomen in die vierte Verszeile rückt, die Nennung des Handlungsträgers sich also hinauszögert, erhalten das Ich und seine Situation des drängenden Wartens auf günstige Winde eine besondere Betonung. Mit dem Wechsel auf die **Sicht der Freunde** (2. Strophe) wandelt sich das Ich zum Du und verschwindet gänzlich aus dem Text. Die Seefahrt selbst und der aufkommende Sturm werden aus der Er-Perspektive („ihn", V. 23 und „er", V. 24) dargestellt, im weiteren Verlauf ist vom „Schiffer" (V. 32) die Rede, später sind selbst die angsterfüllten Ausrufe der Freunde am Ufer an ein „Er" gerichtet (vgl. 7. Strophe). Der personalisierte Blickwinkel mit seinen Emotionen weicht einer **distanzierteren Darstellung**, in der der Steuermann sich nicht von den stürmischen Wellen beeindrucken lässt, sondern sich auf die entfesselten Elemente der Natur einlässt und auf die eigenen Kräfte vertrauend die Gefahr souverän zu meistern versucht (vgl. 8. Strophe).

Mit diesem Perspektivwechsel vom „Ich" über das „Du" zum „Er" lässt der Schiffer den sicheren Heimathafen hinter sich und stellt sich selbstbewusst ganz im Sinne des Sturm und Drang auf

seiner (Lebens-)Reise den **Widrigkeiten** der Welt – hier dem
Sturm und den Meereswellen. Dabei ist „selbstbewusst" ganz
wörtlich in dem Sinne zu verstehen, dass sich das „Ich" seiner
Selbst als „Er" bewusst wird.

Beiden zeitlich dicht aufeinander folgenden lyrischen Texten
Goethes ist gemein, dass sie den traditionellen Topos von der
Schifffahrt als Lebensreise zu einem subjektiven **Erlebnis der
Selbsterfahrung und Selbstbehauptung** verdichten. Mit diesem Wandel im Menschenbild tun sich für die (Reise-)Lyrik
ganz neue Gestaltungsräume auf. Wie grundlegend diese Veränderungen sind, mag ein kurzer Rückblick auf das barocke Sonett
von Gryphius mit dem Titel *An die Welt* (vgl. S. 16) verdeutlichen, das eine überraschende Übereinstimmung in der Motivik
mit Goethes Hymne *Seefahrt* aufweist. Zum Vergleich lassen
sich gleich die Anfangszeilen bei Gryphius heranziehen:

> Mein oft bestürmtes Schiff der grimmen Winde Spiel /
> Der frechen Wellen Ball / das schier die Flut getrennet /

> Mit dem angsterfüllten Balle spielen
> Wind und Wellen. (*Seefahrt*, V. 33 f.)

Beide Gedichte machen von der bekannten Metapher Gebrauch,
dass das Schiff „zum Spielball der Wellen" wird. Das barocke
Verständnis greift dieses Bild für ein Leben voller Unbeständigkeit und Unberechenbarkeit auf, dem der Mensch als Spielball
des Schicksals ausgeliefert ist. Der Stürmer und Dränger dagegen
versucht sein **Schicksal selbst in die Hand zu nehmen** und
allen Widrigkeiten zum Trotz sein Leben beherzt zu meistern:
„Mit dem Schiffe spielen Wind und Wellen; / Wind und Wellen nicht mit seinem Herzen" (V. 42 f.). Wie grundlegend sich
diese beiden Haltungen unterscheiden, offenbart die Gegenüberstellung zweier Weltbilder: Während für den Menschen des
Barock der einzig sichere Hafen (Port) am Ende des Lebens bei
Gott liegt, ist der Mensch seit der Aufklärung zunehmend be-
strebt, das sichere Ufer noch im Diesseits zu erreichen. In sei-

nem Drang nach Selbstbestimmung baut er, ob nun „scheiternd oder landend" (V. 45), auf seine eigenen Götter oder in der Terminologie des Sturm und Drang auf seinen **eigenen Genius**. Der Aufbruch zu neuen Ufern zielt also auf eine **Autonomie**, in der der Mensch im Einklang mit sich selbst ist. Dem vorgezeichneten Schicksal kann er trotzdem nicht entrinnen.

Neben Gedichten mit der Schiffsmetaphorik hat Goethe in dieser Zeit auch einige Wandergedichte verfasst, so zum Beispiel die *Harzreise im Winter* (1777) auf den Brocken. Diese höchste Erhebung im Harz ist auch als Blocksberg bekannt, jener Ort, dem nachgesagt wird, dass sich dort alljährlich die Hexen versammeln. Dahin lässt Goethe übrigens seinen unruhigen Wanderer Faust ziehen und ihn die Walpurgisnacht erleben, einen der Höhepunkte in diesem Drama. Auch ein anderer kleinerer Aussichtsberg weiter südlich in Thüringen ist Kult geworden, er heißt Kickelhahn. Hier oben in die Bretterwand eines Häuschens hat Goethe 1780 auf einer Wanderung die berühmten Verse des Gedichts *Über allen Gipfeln ist Ruh* geritzt. In der Ausgabe letzter Hand hat Goethe diesen Text später unter dem Titel *Ein Gleiches* dem Gedicht *Wandrers Nachtlied* folgen lassen, sodass sie einen kleinen Zyklus für sich bilden, obwohl sie in der Entstehungszeit vier Jahre auseinanderliegen:

JOHANN WOLFGANG GOETHE
Wandrers Nachtlied (1776)[8]

Der du von dem Himmel bist,
Alles Leid und Schmerzen stillest,
Den, der doppelt elend ist,
Doppelt mit Erquickung füllest,
5 *Ach, ich bin des Treibens müde!*
Was soll all die Qual und Lust?
Süßer Friede,
Komm, ach komm in meine Brust!

Ein Gleiches (1780)

Über allen Gipfeln
Ist Ruh,
In allen Wipfeln
Spürest du
5 *Kaum einen Hauch;*
Die Vöglein schweigen im Walde.
Warte nur, balde
Ruhest du auch.

Die Gedichtüberschrift *Ein Gleiches* kann man so verstehen, dass mit ihr ein Gedicht gleichen Themas, also ein weiteres Nachtlied eines Wanderers, folgt. Tatsächlich lassen sich beide Texte wie **zwei einander ergänzende Teile** lesen, und zwar in dem Sinne, dass zuerst eine Bitte ausgesprochen und dann daraufhin eine Antwort gegeben wird.

Der erste Teil stellt die **Situation eines Wanderers** dar, der des Reisens müde ist und des Nachts sein Leid klagt. Das lyrische Ich wünscht sich **Frieden** für sein unstetes Wanderleben, das Treiben (vgl. V. 5) bezieht sich hier sowohl auf das konkrete körperliche Unterwegssein als auch metaphorisch auf das Leben schlechthin, auf das irdische Treiben. Zugleich ist aber auch eine innere Bewegung gemeint („in meine Brust", V. 8), das, was den Wanderer antreibt, die innere Unruhe, die Leidenschaft. Das Ich – das „doppelt elend" ist (V. 3) – bittet um Frieden für beides, um das Stillen von „Leid und Schmerzen" (V. 2) und um die Befreiung von „Qual und Lust" (V. 6), also zum einen um Erquickung und **Erholung von den körperlichen Strapazen** und zum anderen um die **Beruhigung der Leidenschaften**, um Ruhe vom Getriebensein. Die Bitte richtet sich wie ein **Gebet** an den Himmel (vgl. V. 1), ersehnt und angesprochen wird aber der „[s]üß[e] Friede" (V. 7), der durch die Personifikation und durch die Alleinstellung im zweihebigen Trochäenvers (ansonsten herrschen vierhebige Trochäen vor) hervorgehoben wird.

Die **Erhörung** dieser Bitte erfolgt nun im **zweiten Gedicht**. Dabei wird der Friede nicht vom Himmel aus verheißen, er ist in der **Ruhe der naturhaften Umgebung** bereits da. Die Natur ruht, bald wird auch der Mensch zur Ruhe finden. Die beinahe zwangsläufige Einfachheit dieser Aussage bedarf keiner lang getakteten Verse, sie wird in äußerst verknappten Sätzen in freier Metrik über die Zeilen hinweg (vgl. die Enjambements) mit einer die R*u*he hervorhebenden Lautfrequenz auf „*u*" (vgl. die vielen ‚U-Vokale' und ‚Au-Diphthonge') konstatiert. Dabei verläuft der Vorgang der Beruhigung in kosmisch geordneter Weise, nämlich aus der Ferne (Berggipfel) in die Nähe, vom Großen zum Kleinen, vom Unbelebten zum Belebten, vom Stein (Gipfel, vgl. V. 1) zum Baum (Wipfel, vgl. V. 3), zum Tier („Vöglein", V. 6) und schließlich zum Menschen als dem Unruhigsten in dieser Kette. Wurde im ersten Teil des Zyklus der **Friede** zum ersehnten **Adressaten des lyrischen Ich**, so ist es nun der Mensch, der zwei Mal mit „du" (V. 4, 8) angesprochen wird.

Man hat dieses Sich-Einstellen der Ruhe in vier gereihten Satzaussagen oft im Sinne einer Vergänglichkeitsmetaphorik gedeutet, gemäß der gängigen Grabinschrift: „Hier ruht in Frieden…" Und natürlich schwingt das **Lebensende** in der Ruhe und im Schlaf als Vorboten des Todes immer mit. Doch das Memento mori ist hier nicht das vorrangige Thema. Der Hauch, der Lebensatem, erstirbt ja nicht, er ist in der Ruhephase zwar kaum spürbar (vgl. V. 4 f.), aber er ist noch da, so wie ein neuer Morgen auf die Nacht folgt, Bewegung in die Natur kommt und Vogelstimmen erklingen. Mehr noch als in den bisher vorgestellten Sturm-und-Drang-Gedichten geht es darum, dass sich der Mensch nicht nur in der Natur behauptet, sondern sich in ihre Abläufe einfindet, als Wanderer **Teil des Naturraums** wird und mitschwingt in dem Lebensrhythmus von Tag und Nacht, Bewegung und Ruhe, Klang und Verstummen. Mit der verstärkten Tendenz, **Gegensätze** abgeklärt als **Ergänzung** aufzufassen und in einen zeitlos harmonischen Zusammenhang zu stellen, weist der Gedichtzyklus *Wanderers Nachtlied* bereits auf die Epoche der **Klassik** hin.

Die eigentliche Periode der Weimarer Klassik beginnt nach Goethes erster Italienreise 1786. Auf zwei Reisen durch die Schweiz, 1775 und 1779, hatte Goethe den Gotthard bestiegen und oben auf dem Pass mit Fernweh nach Italien hinuntergeschaut, war aber jedes Mal wieder umgekehrt. Das Land, „wo die Zitronen blühn", blieb zunächst ein Fantasiegebilde der Sehnsucht:

Johann Wolfgang Goethe
Mignon (1782/83)[9]

Kennst du das Land, wo die Zitronen blühn,
Im dunkeln Laub die Gold-Orangen glühn,
Ein sanfter Wind vom blauen Himmel weht,
Die Myrte still und hoch der Lorbeer steht,
5 *Kennst du es wohl?*
　Dahin! Dahin
Möcht' ich mit dir, o mein Geliebter, ziehn!

　Kennst du das Haus, auf Säulen ruht sein Dach,
Es glänzt der Saal, es schimmert das Gemach,
10 *Und Marmorbilder stehn und sehn mich an:*
Was hat man dir, du armes Kind, getan?
Kennst du es wohl?
　Dahin! Dahin
Möcht' ich mit dir, o mein Beschützer, ziehn!

15 　*Kennst du den Berg und seinen Wolkensteg?*
Das Maultier sucht im Nebel seinen Weg,
In Höhlen wohnt der Drachen alte Brut,
Es stürzt der Fels und über ihn die Flut:
Kennst du ihn wohl?
20 　*Dahin! Dahin*
Geht unser Weg; o Vater, lass uns ziehn!

Goethe legt dieses Lied seiner **Romanfigur Mignon** in den Mund, einem knabenhaften Mädchen aus einer Zirkusgruppe, das den Titelhelden kennenlernt, ihn auf seiner Wanderschaft begleitet und **Heimweh nach Italien** hat. Das fast durchweg fünfhebige jambische Gedicht ist mit seinem nur am Ende leicht abgewandelten **Refrain**, der die Strophen einleitenden rhetorischen Frage („Kennst du …") und den Paarreimen klar gegliedert. Eine Besonderheit zeichnet das jeweili

ge Ende der Strophen aus, das die Eingangsfrage wieder aufnimmt und der verzehrenden Sehnsucht durch ein gedoppeltes „Dahin" Ausdruck gibt. Eine weitere Steigerung ergibt sich in der Schlusszeile, die den Wunsch aufzubrechen („Möcht' ich") durch eine direkte Aufforderung („lass uns") ersetzt.

Die im Text angesprochenen Wunschbilder wirken beinahe klischeehaft **stilisiert**. Mit den exotischen Früchten lässt die erste Strophe vor dem geistigen Auge des Lesers eine typisch **mediterrane Landschaft** entstehen, die Myrte und der Lorbeer sind zudem klassische Sinnbilder für die Leidenschaft und Liebe (der Myrtenkranz ist ein Brautkranz) einerseits und das Heldentum und die Kunst (der Lorbeerkranz steht für Sieg und Erfolg) andererseits. Die zweite Strophe stellt eine Renaissance-Villa mit repräsentativen Säulen und Marmorstatuen in den Mittelpunkt und die dritte Strophe beschreibt den felsigen Weg in das südliche Land, der an eine Alpenüberquerung erinnert, wobei das Unheimliche und Gefahrvolle dieses Weges durch die Nennung eines märchenhaften Ungeheuers („der Drachen alte Brut", V. 17) betont wird. Der **Adressat** des Liedes ist der Protagonist des Romans, der hier als Begleiter liebevoller Beschützer und Vaterfigur in einem ist. Losgelöst vom Romankontext ist das Lied der Mignon für den deutschen Bildungsbürger in der Folge zum **Inbegriff der Italiensehnsucht** geworden.

Mittlerweile als Minister am Weimarer Hof entschließt sich Goethe **1786** nach geheimer Absprache mit dem Herzog, seine Amtsgeschäfte ruhen zu lassen, und bricht zu einer Fahrt mit der Postkutsche über den Brenner in das Sehnsuchtsland auf. Fast **zwei Jahre** wird er sich in **Italien** aufhalten und den Städten Venedig, Florenz, Neapel und vor allem Rom längere Besuche abstatten. Seine Erlebnisse und Eindrücke von Natur und Kunst sowie seine Beschäftigung mit der klassischen Antike fasst er unter dem Motto „**Auch ich in Arkadien!**" in einem Bericht zusammen, der zwei Jahrzehnte später unter dem Titel „**Italienische Reise**" veröffentlicht wird. Vor dem Hintergrund dieser Bildungsreise entstanden auch die *Römischen Elegien*, ein **Zyklus** von 20 Texten, die als musterhaftes Beispiel für klassische deutsche Lyrik gelten. Eines dieser Reisegedichte sei hier vorgestellt:

JOHANN WOLFGANG GOETHE
Fünfte Römische Elegie (1788/90)[10]

Froh empfind ich mich nun auf klassischem Boden begeistert;
*   Vor- und Mitwelt spricht lauter und reizender mir.*
Hier befolg ich den Rat, durchblättre die Werke der Alten
*   Mit geschäftiger Hand, täglich mit neuem Genuss.*
5 *Aber die Nächte hindurch hält Amor mich anders beschäftigt;*
*   Werd ich auch halb nur gelehrt, bin ich doch doppelt beglückt.*
Und belehr ich mich nicht, indem ich des lieblichen Busens
*   Formen spähe, die Hand leite die Hüften hinab?*

Dann versteh ich den Marmor erst recht; ich denk und vergleiche,
10 *Sehe mit fühlendem Aug, fühle mit sehender Hand.*
Raubt die Liebste denn gleich mir einige Stunden des Tages,
  Gibt sie Stunden der Nacht mir zur Entschädigung hin.
Wird doch nicht immer geküsst, es wird vernünftig gesprochen;
  Überfällt sie der Schlaf, lieg ich und denke mir viel.
15 *Oftmals hab ich auch schon in ihren Armen gedichtet*
  Und des Hexameters Maß leise mit fingernder Hand
Ihr auf den Rücken gezählt. Sie atmet in lieblichem Schlummer,
  Und es durchglühet ihr Hauch mir bis ins Tiefste die Brust.
Amor schüret die Lamp indes und denket der Zeiten,
20 *Da er den nämlichen Dienst seinen Triumvirn getan.*

V. 16: *Hexameters Maß* – klassisches griechisches Versmaß mit sechs Hebungen, das
Goethe in diesem Gedicht verwendet; V. 20: *Triumvirn* – Angehörige eines Kollegiums von
drei Magistraten im antiken Rom. Hier könnten aber auch die römischen Dichter Catull,
Tibull und Properz gemeint sein, die alle drei Liebesgedichte verfassten.

Bereits der erste Vers markiert eine äußerst positive Stimmung,
die Attribute „**froh**" und „**begeistert**", in prominenter Position
am Anfang und Ende der Zeile gesetzt, verdeutlichen den
Enthusiasmus des lyrischen Ich, nun „auf klassischem Boden"
(V. 1) zu sein. Das mag, was den Titel betrifft, irritieren, denn
Elegie bedeutet ursprünglich ein Klagelied. Auch der weitere
Textverlauf – der lyrische Sprecher durchblättert mit Genuss die
Werke der Antike und liegt mit Wonne im Arm der Geliebten –
lässt nicht den Hauch von Schwermut erkennen. Offensichtlich
scheint sich Goethe in der Gestaltung des Gedichts nicht auf
den klagenden Charakter der griechischen Elegie, sondern vielmehr auf die spätere Tradition der **römischen Liebeselegie** mit
ihrer **sinnlich erotischen Ausrichtung** zu beziehen.

Formal wird der Bezug zur elegischen Versart der Antike in
jedem Fall betont. Goethe verwendet zehn sogenannte **Disti-
chen**, das sind Verspaare mit einem 6-hebigen Hexameter in der
ersten Verszeile und einem 5-hebigen Pentameter in der zweiten Verszeile. Optisch erkennt man die Verspaare im vorliegen-

den Gedicht dadurch, dass die zweite Zeile eingerückt ist. Die syntaktischen Einheiten sind jeweils auf ein Verspaar ausgerichtet. Eine Ausnahme bildet das Enjambement im Übergang vom achten auf das neunte Verspaar (vgl. V. 16 f.).

Metrische Form des Distichons
/   /   /   /   /   / XXX/ XXX/ XXX/ XXX/ XXX/ XX   → Hexameter
/   /   /   /   /   / XXX/ XXX/ X/   XXX/ XXX/ X   → Pentameter

Nicht nur die Form der Distichendichtung und die Örtlichkeit – der Titel legt die Stadt Rom nahe – machen diese Elegie zu einem ausgewiesenen Beispiel für die Stilepoche der deutschen Klassik, es ist vor allem die **harmonische Stimmung**, die sich über das ganze Gedicht ausbreitet. Eingehender zeigen lässt sie sich an dem **Leitmotiv der Hand**. Vier Mal wird sie genannt: „Mit geschäftiger Hand" (V. 4) blättert der lyrische Sprecher durch die Bücher antiker Dichter, Künstler und Philosophen, leidenschaftlich gleitet seine Hand am Körper der Geliebten hinab (vgl. V. 8) und „mit fingernder Hand" (V. 16) klopft er das klassische Versmaß auf den Rücken der Muse. Über den Tastsinn der Hand offenbart sich sowohl ein geistiges als auch ein sinnliches Erlebnis, beide Erlebnisse werden in der Ästhetik des Dichtens harmonisch zusammengeführt. Auf diese Weise entsteht eine intensive, sich einander ergänzende Art der Wahrnehmung: „Sehe mit fühlendem Aug, fühle mit sehender Hand." (V. 10)

Eine solche ganzheitliche Erfahrung vollzieht sich in der Liebe, die in Rom zum Tragen kommt: Als **Anagramm**, also rückwärts gelesen, verwandelt sich die italienische Bezeichnung „Roma" in „Amor", in den Gott der Liebe aus der römischen Mythologie. Amor (vgl. V. 19) ist es in dieser Elegie, der den lyrischen Sprecher dazu anhält, bei Nacht seine Geliebte zu küssen (vgl. V. 13), die Form ihres „lieblichen Busens" (V. 7) zu schauen und ihren Körper bei Tag mit den Marmorstatuen der römischen Sehenswürdigkeiten zu vergleichen. Die **Stadt ‚Roma' und der Gott ‚Amor' durchdringen sich wechselseitig** tags und nachts, sinnlich und geistig, so wie dies im Anagramm selbst zum Ausdruck kommt. Wenn dann Amor die Lampe „schüret" (V. 19), dann entfacht er nicht nur die gegenseitige Liebesglut („Und es durchglühet ihr Hauch mir bis ins Tiefste die Brust.", V. 18), sondern er schafft auch ‚Licht', bildlich gesprochen die Möglichkeit für das **geistige Erkennen**. Ganzheitlich wird die Erfahrung aber erst, wenn sie den Augenblick der Gegenwart übersteigt. Rom ist die Stadt der Liebe und die Ewige Stadt, sie ermöglicht den intensiven Kontakt mit „Vor- und Mitwelt" (V. 2), die **Auseinandersetzung mit den Werken der Antike** ebenso wie das **Sich-Einlassen auf die Geliebte**. Und so schürt Amor die Lampe und denkt an die Zeiten, als er diesen Dienst für vergangene Liebesdichter getan hat (vgl. V. 19 f.).

Johann Heinrich Wilhelm Tischbein: Goethe in der Campagna (1787)

Zusammenfassung

In der Lyrik des Sturm und Drang und der Klassik wird das Reisen zum Thema der **Selbsterfahrung**. In der Bewegung des Unterwegsseins lässt sich der **Prozesscharakter der Erfahrung** ausdrucksstark abbilden. Das Reisen dient dann der **Horizonterweiterung** nach außen (neue Landschaften/Kulturen) wie nach innen (Identitätsbildung). An Goethes Schifffahrtsgedichten wird sowohl das Erleben der Selbstbehauptung gegenüber der entfesselten Natur *(Seefahrt)* als auch das der Selbstentfaltung und des Reifens an der Natur *(Ich saug an meiner Nabelschnur)* durchgespielt. In den ausgewählten Wandergedichten kündigt sich bereits der Wandel zu einem klassischen Denken an, das nicht den Drang nach Verwirklichung des Einzelnen, sondern allumfassender das Verhältnis des Einzelnen zum Ganzen in den Mittelpunkt rückt. Der Zyklus *Wandrers Nachtlied* beleuchtet das dialektische Verhältnis von Fortbewegung (Wandern) und Innehalten (Ruhe) als zwei Seiten, die zusammengehören. Diese **ganzheitliche** Selbsterfahrung findet in der *Fünften Römischen Elegie* ihre klassische Vollendung. All diesen Reisegedichten ist gemeinsam, dass das Erleben des Unterwegsseins und der Örtlichkeit im Vordergrund steht. Wie sehr sich solche Erlebnislyrik von vorausgegangenen Gedichten unterscheidet, deutet der folgende Vergleich an: Während ein barockes Rom-Gedicht von Andreas Gryphius (vgl. S. 12) beim Abschied lediglich die vielen Reize der Stadt nur ganz allgemein auflistet, werden im Rom-Gedicht Goethes die vielen Reize sinnlich und geistig förmlich ausgelebt.

Übungsaufgabe 2

Friedrich Leopold Stolberg:
Lied auf dem Wasser zu singen (1782)[11]

für meine Agnes

Mitten im Schimmer der spiegelnden Wellen
Gleitet, wie Schwäne, der wankende Kahn;
Ach, auf der Freude sanftschimmernden Wellen
Gleitet die Seele dahin wie der Kahn;
5 Denn von dem Himmel herab auf die Wellen
Tanzet das Abendroth rund um den Kahn.

Über den Wipfeln des westlichen Haines,
Winket uns freundlich der rötliche Schein;
Unter den Zweigen des östlichen Haines
10 Säuselt der Kalmus im rötlichen Schein;
Freude des Himmels und Ruhe des Haines
Atmet die Seel im errötenden Schein.

Ach, es entschwindet mit tauigem Flügel
Mir auf den wiegenden Wellen die Zeit.
15 Morgen entschwinde mit schimmerndem Flügel
Wieder wie gestern und heute die Zeit.
Bis ich auf höherem strahlenden Flügel
Selber entschwinde der wechselnden Zeit.

Das Gedicht ist Stolbergs erster Frau Henriette Eleonore Agnes von Witzleben gewidmet.
V. 7: Hain – Gehölz, kleiner Wald; für den Dichter Klopstock (1724–1803) war der Hain
Sitz und Symbol der germanischen Dichtkunst, unter seinem Einfluss entstand der sog.
„Göttinger Hainbund", eine die Natur verehrende literarische Gruppe aus der Zeit des
Sturm und Drang, der auch Graf Stolberg angehörte; V. 10: der Kalmus – schilfartige
Sumpfpflanze

Aufgaben

1. Analysieren Sie Form und Inhalt des Gedichts.

2. Vergleichen Sie die formale Gestaltung und inhaltliche Aussage mit Goethes Gedicht *Ich saug an meiner Nabelschnur* (S. 21).

3 Die ewige Wanderschaft

Romantik (ca. 1795–1830)

> *Das Wandern*
>
> *Das Wandern ist des Müllers Lust,*
>   *Das Wandern!*
>
> *Das muss ein schlechter Müller sein,*
> *Dem niemals fiel das Wandern ein,*
>   *Das Wandern.*
>
> Anfangsstrophe aus dem Gedichtzyklus *Die schöne Müllerin*
> von Wilhelm Müller (1818)

Bei allen Unterschieden zwischen der Zeit der Romantik und unserer heutigen Gegenwart lassen sich durchaus auch gemeinsame Strukturen finden: Beide Epochen sind in einem neuen Jahrhundert großen **Umbrüchen** ausgesetzt (dort die einsetzende industrielle, hier die einsetzende digitale Revolution) und beide haben die **Mobilität** auf ihre Fahnen geschrieben. In unserer globalisierten Welt ist die Vorstellung von einer Biografie mit Ortswechseln fast schon eine Selbstverständlichkeit. Das kann sich auf wechselnde Arbeitsplätze ebenso beziehen wie auf das heute beinahe unumgängliche Ritual der Fernreise, die der junge Mensch häufig nach Ende der Schullaufbahn antritt. Auch in der Epoche der Romantik ist diese Entwicklungsphase des Menschen stark mit dem Lockruf der Ferne verbunden; dies gilt damals allerdings fast ausschließlich für die jungen Männer, die sich als Handwerksgesellen, Künstler und Studenten auf den Weg machen. Die **Wanderschaft** wird als **wichtiger Schritt**

vor der Sesshaftigkeit, der Aufnahme eines Berufes und der Gründung einer Familie gesehen.

Ein Streifzug durch die Kunstmärchen und Romane der Romantik bestätigt uns, dass tatsächlich viele ihrer Helden unterwegs sind: Das Müllerlied im Ohr, die Gitarre oder Laute umgehängt und das Bild vom *Wanderer über dem Nebelmeer* vor Augen sehen wir sie durch die Lande ziehen, immer auf der **Suche** nach etwas, das sie antreibt, sei es die Weite der Welt, die Wärme des Südens, das Liebesglück oder einfach die vollkommene Verbundenheit mit der Natur. Vereinen lassen sich all diese Beweggründe für das Unterwegssein in dem zentralen romantischen **Motiv der „blauen Blume"**. Sie steht für die Sehnsucht nach der Ferne, nach Unendlichkeit und Ganzheit, aber auch für den Weg zu

Caspar David Friedrich: Der Wanderer über dem Nebelmeer (1818)

Liebe und Selbsterkenntnis. Insofern wird die „blaue Blume" später als romantisches Symbol für die Wanderschaft angesehen. Für Heinrich von Ofterdingen wird im gleichnamigen Romanfragment von Novalis der Traum von einer blauen Blume, die sich in ein Mädchengesicht verwandelt, zum Ausgangspunkt für die Reise in eine Welt der Poesie.[12]

Es ist kein Zufall, dass der Reisende Heinrich von Ofterdingen ein fahrender Sänger ist. Das Lied, zumal das einfache Volkslied, scheint die ideale Ausdrucksform für das Reisen auf Schusters Rappen zu sein. Und so verwandeln nicht zuletzt die eingestreuten Lieder den Roman von Novalis in einen durchreisten Klangraum voller Poesie und Gesänge. Auch in Ludwig

Tiecks Künstlerroman *Franz Sternbalds Wanderungen* sind lyrische Texte eingelagert und Joseph von Eichendorffs Novelle *Aus dem Leben eines Taugenichts* lässt den Helden mit einem volkstümlichen Lied nach dem anderen auf den Lippen durch die weite Welt reisen, um das Wandern zum Spiel der Geige als gesegnete Lebensform zu preisen:

> *Wem Gott will rechte Gunst erweisen,*
> *Den schickt er in die weite Welt,*
> *Dem will er seine Wunder weisen*
> *In Berg und Wald und Strom und Feld.*

Eichendorff hat all die in seinen Romanen enthaltenen *Wanderlieder* unter eben diesem Titel erst später als eigenständige Lyriksammlung herausgegeben. Darin werden die einschlägigen Themen der Wanderschaft immer wieder aufgegriffen und variiert, sodass zu manchen Titeln wie *Abschied* oder *Rückkehr* gleich mehrere verschiedene Gedichte existieren. Im Folgenden wird an einigen ausgewählten lyrischen Texten der immer wiederkehrende Motivkomplex der Sehnsucht, des Aufbruchs und der fraglichen Rückkehr durchgespielt. Dabei wird, sofern es nötig erscheint, auch kurz auf den Romankontext, in den die Gedichte eingelagert sind, verwiesen.

JOSEPH VON EICHENDORFF
Sehnsucht (1830/31)[13]

> *Es schienen so golden die Sterne,*
> *Am Fenster ich einsam stand*
> *Und hörte aus weiter Ferne*
> *Ein Posthorn im stillen Land.*
> 5 *Das Herz mir im Leib entbrennte,*
> *Da hab ich mir heimlich gedacht:*
> *Ach, wer da mitreisen könnte*
> *In der prächtigen Sommernacht!*

> Zwei junge Gesellen gingen
> 10 Vorüber am Bergeshang,
> Ich hörte im Wandern sie singen
> Die stille Gegend entlang:
> Von schwindelnden Felsenschlüften,
> Wo die Wälder rauschen so sacht,
> 15 Von Quellen, die von den Klüften
> Sich stürzen in die Waldesnacht.
>
> Sie sangen von Marmorbildern,
> Von Gärten, die überm Gestein
> In dämmernden Lauben verwildern,
> 20 Palästen im Mondenschein,
> Wo die Mädchen am Fenster lauschen,
> Wann der Lauten Klang erwacht,
> Und die Brunnen verschlafen rauschen
> In der prächtigen Sommernacht. –

V. 13: Felsenschlüften – Felsenschluchten

Das im Titel benannte Motiv der Sehnsucht wird in der ersten Strophe aus einer für die Romantik typischen Situation heraus entfaltet: Das lyrische Ich steht einsam am Fenster (vgl. V. 2) und schaut in die „prächtig[e] Sommernacht" (V. 8). Das Fenster bildet die **Schwelle** zwischen gemauertem Innenraum und naturhafter Außenwelt, zwischen Begrenzung und Weite, und auch explizit zwischen Vereinzelung und Gemeinschaft, wenn die zwei Gesellen am gegenüberliegenden Bergeshang vorbeiziehen (vgl. V. 9 f.). Die Wanderschaft entpuppt sich hier als Symbol der **Befreiung aus der Isolation und Enge der Sesshaftigkeit**. Dabei wird die Sehnsucht nach Freiheit durch die lockende Pracht des Naturraumes gesteigert. Es scheint warm zu sein (vgl. „Sommernacht"), die Sterne funkeln und der Klang eines Posthorns lädt zum Reiseaufbruch ein. Mit Macht wirkt das **Fernweh** auf alle Sinne ein, auf das Fühlen, das Sehen und das Hören, sodass es förmlich den Körper zu zersprengen droht („Das Herz mir im Leib entbrennte", V. 5) und dem lyrischen Ich ein wehklagendes „Ach" (V. 7) entfährt.

Bemerkenswert ist nun, dass das lyrische Ich dem Lockruf der Ferne nicht folgt. Nur im **Konjunktiv** (vgl. „könnte", V. 7) artikuliert es den Gedanken, sich den Wandergesellen anzuschließen, ohne sich ihn wirklich einzugestehen (vgl. „heimlich", V. 6). Das lyrische Ich bleibt sehnsüchtig am Fenster zurück und lauscht dem Gesang der sich entfernenden Wanderer. Es

Otto Scholderer: Der Geiger am Fenster (1861)

entsteht der Eindruck, als ob anstelle des lyrischen Sprechers das **gesungene Lied** selbst auf die Reise ginge: über eine bergige Landschaft (vgl. V. 13–16) hinunter in eine Region mit verwilderten Gärten, Marmorbildern und Palästen (vgl. V. 17–20). Schließlich mündet das Lied in eine Situation, die der des Gedichtanfangs ähnelt: Mädchen lauschen am Fenster dem Klang der Lauten in einer prächtigen Sommernacht (vgl. V. 21–24).

Der Gesang ist durch einen **Tempuswechsel** vom Präteritum ins Präsens gekennzeichnet und setzt genau in der Mitte des Gedichts ein (ab V. 13). Mit dem **Lied im Lied** haben wir einen für die Romantik typischen lyrischen Binnentext, wie er auch in vielen Romanen vorzufinden ist. Dabei symbolisiert das integrierte Lied hier entsprechend dem Gedichttitel die Sehnsucht, die sich ihr Ziel in der Ferne sucht und über gefahrvolle Wege (vgl. „Felsenschlüften", V. 13) das Durchschreiten einer ästhetisch gestalteten Landschaft (vgl. „Marmorbilder", V. 17; „dämmernde Lauben", V. 19) imaginiert. Schließlich mündet die

Fantasie in eine ihrem Ausgangspunkt ähnelnde Situation: Mädchen lauschen träumerisch am Fenster, wenn „der Lauten Klang erwacht" (V. 22). In dieser eigentümlichen **Kreisbewegung** kommt das **Unerfüllte**, was die Sehnsucht ausmacht, zum Ausdruck: Sie schwingt von einem Lied zum anderen, von einer träumerischen Vorstellung zur nächsten, ohne dass sie an ein Ende, an ein wirkliches Ziel gelangt. Ungestillt beginnt sie aufs Neue, ja, sie kehrt wieder an ihren Anfang zurück, was sich in der letzten Verszeile durch die Wiederholung „der prächtigen Sommernacht" und den abschließenden Gedankenstrich andeutet.

Man hat in der Forschung den Weg des Sehnsuchtsliedes immer wieder mit einer realen Reise über die Alpen in die mediterranen Gefilde Italiens verglichen und die Nähe des Gedichts zu Goethes Lied der *Mignon* (vgl. S. 32) betont. Auch wenn Italien als Sinnbild für die Sehnsucht hier wie dort mitschwingt, lässt sich in Eichendorffs Gedicht das ferne Land eher als eine **Kunstwelt** im Sinne einer **Klangvision** verstehen, die der Sehnsuchtsvorstellung des lyrischen Ich am Fenster entspringt. Dafür sprechen nicht nur die **Landschaftsmotive** aus dem Bereich der bildenden Kunst (Marmorbilder, Paläste), sondern auch die vielen **Töne** wie das Rauschen der Wälder, der Wasserfälle und der Brunnen sowie das Erklingen der Laute. Im Fernweh verbinden sich das Wandern, die ästhetischen Naturbilder und ihre Klänge zu einer **Reisemelodie durch einen fiktiven Raum**. Unterstützt wird diese **Musikalität** im Gedicht durch ein träumerisch-schwebendes dreihebiges Metrum mit jambischen und daktylischen Einheiten und wechselnden weiblichen und männlichen Kadenzen. Dabei zögern die vier Schlussverse das Einsetzen der Betonung hinaus, sodass im Rhythmus eine Verlangsamung entsteht und das Gedicht gedankenverloren ausklingt:

„Sehnsucht": Beispiel 1. Strophe

	Reim	Kadenz	Versmaß
Es **schie**nen so | **gol**den die | **Ster**ne		Aw	
Am **Fens**ter ich | **ein**sam | **stand**		Bm	
Und **hör**te aus | **wei**ter | **Fer**ne	Kreuzreime	Aw	3-hebige Jamben mit Daktylen
Ein **Post**horn im | **stil**len **Land**.		Bm	
Das **Herz** mir im | **Leib** ent- | **brenn**te,		Cw	
Da **hab** ich mir | **heim**lich ge- | **dacht**:		Dm	
Ach, **wer** da **mit**- | reisen | **könn**te		Cw	
In der **präch**tigen | **Som**mer- | **nacht**:		Dm	

(8 Verse)

„Sehnsucht": Beispiel Schlusszeilen

	Reim	Kadenz	Versmaß
Wo die **Mäd**chen am | **Fens**ter | **lau**schen		Cw	
Wann der **Lau**ten | **Klang** er- | **wacht**	Kreuzreime	Dm	3-hebige Jamben mit Daktylen und doppeltem Auftakt
Und die **Brun**nen ver- | **schla**fen | **rau**schen		Cw	
In der **präch**tigen | **Som**mer- | **nacht**.		Dm	

(4 Verse)

Die Wanderer, die den Gesang angestimmt haben, und das lyrische Ich, das ihm am Fenster zuhörte, tauchen im zweiten Teil des Textes nicht mehr auf. Das **Sehnsuchtslied** hat sich **verselbstständigt** und ist zum eigentlichen Subjekt des Gedichts geworden.

Aber die beiden Wandergesellen hat Eichendorff in einem anderen Gedicht näher thematisiert und an ihnen zwei gegensätzliche Lebensentwürfe dargestellt:

JOSEPH VON EICHENDORFF
Die zwei Gesellen (1818)[14]

Es zogen zwei rüst'ge Gesellen
Zum erstenmal von Haus,
So jubelnd recht in die hellen,
Klingenden, singenden Wellen
5 *Des vollen Frühlings hinaus.*

Die strebten nach hohen Dingen,
Die wollten, trotz Lust und Schmerz,
Was Recht's in der Welt vollbringen,
Und wem sie vorüber gingen,
10 Dem lachten Sinnen und Herz. –

Der erste, der fand ein Liebchen,
Die Schwieger kauft' Hof und Haus;
Der wiegte gar bald ein Bübchen,
Und sah aus heimlichem Stübchen
15 Behaglich ins Feld hinaus.

Dem zweiten sangen und logen
Die tausend Stimmen im Grund,
Verlockend' Sirenen, und zogen
Ihn in der buhlenden Wogen
20 Farbig klingenden Schlund.

Und wie er auftaucht' vom Schlunde,
Da war er müde und alt,
Sein Schifflein das lag im Grunde,
So still war's rings in der Runde,
25 Und über die Wasser weht's kalt.

Es singen und klingen die Wellen
Des Frühlings wohl über mir;
Und seh' ich so kecke Gesellen,
Die Tränen im Auge mir schwellen –
30 Ach Gott, führ' uns liebreich zu dir!

V. 12: die Schwieger – veraltet für Schwiegermutter; V. 18: Sirenen – in der griech. Mythologie
weibliche Fabelwesen, die durch ihren betörenden Gesang die vorbeifahrenden Schiffer
anlocken, um sie zu töten; V. 19: buhlenden – hier: ein erotisches Liebesverhältnis eingehen

Das Gedicht greift auf die bis zur beginnenden Industrialisierung übliche **Zunfttradition** zurück, nach der die jungen Gesellen mit Abschluss ihrer Lehrzeit auf Wanderschaft gingen, um fremde Regionen und neue Arbeitspraktiken kennenzulernen und Lebenserfahrung zu sammeln. Noch heute sehen wir vereinzelt solche umherziehenden Handwerksburschen in ihrer besonderen Tracht. Der Aufbruch der „zwei rüst'ge[n] Gesellen" (V. 1) in Eichendorffs Gedicht geht jedoch über diese konkrete Wanderschaft hinaus, er ist in einem allgemeineren Sinn der Ausgangspunkt von **zwei** im epischen Präteritum erzählten **Lebenswegen,**

die einen gegensätzlichen Verlauf nehmen.

Der eine Geselle findet ein ‚gemachtes Nest', er lässt sich nieder und gründet eine Familie (vgl. 3. Strophe). Interessant ist, dass er in einer ähnlichen häuslichen Situation beschrieben wird wie das lyrische Ich aus dem vorausgegangenen Gedicht *Sehnsucht,* wenn er aus seiner Stube hinaus nach draußen schaut. Aber sein Blick richtet sich nicht sehnsuchtsvoll auf die lockende Ferne der großräumigen Natur, sondern „[b]ehaglich" (V. 15) auf das selbst bestellte Feld. In dieser selbstzufriedenen Bodenständigkeit entspricht er aus Sicht der Romantiker dem Typus des **Philisters,** des Spießbürgers, der die Veränderung scheut und sich mit der Begrenztheit seiner biederen Lebensform begnügt. Zum Ausdruck kommt diese **behäbige Kleinbürgerlichkeit** im einförmigen Satzbau der dritten Strophe und im reimenden Dreiklang der Diminutivformen „Liebchen" (V. 11), „Bübchen" (V. 13) und „Stübchen" (V. 14). Der Philister hat das bewegte Leben der Wanderschaft gegen die Statik und Enge der Sesshaftigkeit eingetauscht. Bezeichnenderweise ist die einzige Bewegung, die ihm eingeräumt wird, sein Kind in den Schlaf zu wiegen (vgl. V. 13).

Was aber ist mit dem **zweiten Gesellen?** Er bleibt in Bewegung, d. h. auf der **Wanderschaft.** Als künstlerisch ausgerichteter Typus lässt er sich von der Schönheit der Natur und der Ästhetik der Farben und des Klangs leiten. Er folgt, wie die vierte Strophe zeigt, nicht dem Lockruf eines ‚Heimchens am Herd‘, sondern erliegt dem **verführerischen bunten Spiel** ganz vieler weiblicher Reize („Die tausend Stimmen [...] [der] [v]erlockend[en] Sirenen", V. 17 f.), die ihn zu Grunde richten. Bildlich ist diese Abwärtsbewegung eines unsteten Lebens dem alten Topos von der **Schifffahrt als Lebensreise** nachempfunden (siehe Kapitel 1 „Die Reise als Sinnbild"). In der Metaphorik des aufgepeitschten Wassers führt die durch Gesang, Farbe und Form erzeugte **erotische Lust** zu einem wogenden Rausch, der den Gesellen in die strudelnde Tiefe, in die Abgründe eines Höllenschlundes reißt (vgl. V. 16–20). Dieses Motiv des **Scheiterns am Eros** findet sich in der Lyrik der Romantik immer wieder, man denke nur an Brentanos Ballade *Lore Lay* oder an Heines bekanntes Gedicht gleichen Namens.[15] In Eichendorffs Text taucht der Geselle „müde und alt" (V. 22) an die Oberfläche, das Lebensschiff aber liegt auf dem Grund des Wassers (vgl. V. 23). Unterstrichen wird diese Grabesstimmung durch die Adverbien „still" (V. 24) und „kalt" (V. 25) und einen verlangsamten Zeilenstil, was einen deutlichen Gegensatz zur Dynamik der vorausgegangenen Strophe mit ihren Zeilensprüngen und den vielen Verben der Bewegung bildet. Doch das Gedicht schließt erst mit einer **weiteren Strophe**, in der ein lyrischer Sprecher die beiden polar einander gegenübergestellten Lebenswege mitfühlend kommentiert und mit der **Aussicht auf eine letzte Reise zu Gott** wieder zusammenführt: „Ach Gott, führ' uns liebreich zu dir!" (V. 30)

Der Gedanke der Lebensreise ist für die Epoche der Romantik zentral, insbesondere für die Lyrik Eichendorffs. Der begrenzte, immer wiederkehrende Motivschatz verleiht dem Reisen in den

Wanderliedern etwas Unabgeschlossenes, aber gleichzeitig Dauerhaftes, so als sei das **ganze Leben eine Reise**, eine ewige Wanderschaft. Im Gedicht *Frische Fahrt* lässt sich der lyrische Sprecher selig vom Wasserstrom treiben und wünscht sich, dass die Reise nie zu Ende geht. Ähnlich wie beim zweiten Gesellen sind ihm Stillstand und Verharren zuwider, wie die zweite Strophe zeigt:

> *Und ich mag mich nicht bewahren!*
> *Weit von euch treibt mich der Wind,*
> *Auf dem Strome will ich fahren,*
> *Von dem Glanze selig blind!*
> *Tausend Stimmen lockend schlagen,*
> *Hoch Aurora flammend weht,*
> *Fahre zu! Ich mag nicht fragen,*
> *Wo die Fahrt zu Ende geht!*[16]

V. 6: Aurora – Göttin der Morgenröte

Eine wirkliche Rückkehr in die Heimat, um sesshaft zu werden, ist in Eichendorffs Texten nicht vorgesehen. Eher notgedrungen ist der Aufbruch eines weiteren musizierenden Vagabunden aus dem folgenden Gedicht. Bei der Rückkehr in seine Heimatstadt fühlt er sich seiner Herkunft entfremdet; zu viel Zeit ist vergangen (der rauschende Brunnen steht für das Verfließen der Zeit), zu lang hat man wohl einsam die Fremde erfahren, als dass man sich leichthin der fröhlichen Tanzgesellschaft anschließen könnte, und so treibt's den Wanderer mit brennendem Verlangen erneut in die weite Welt:

JOSEPH VON EICHENDORFF

Rückkehr (um 1811)[17]

Mit meinem Saitenspiele,
Das schön geklungen hat,
Komm ich durch Länder viele
Zurück in diese Stadt.

> 5 Da hört ich geigen, pfeifen,
> Die Fenster glänzten weit,
> Dazwischen drehn und schleifen
> Viel fremde, fröhliche Leut.
>
> Ich ziehe durch die Gassen,
> 10 So finster in die Nacht,
> Und alles so verlassen,
> Hatt's anders mir gedacht.
>
> Und Herz und Sinne mir brannten,
> Mich trieb's in die weite Welt,
> 15 Es spielten die Musikanten,
> Da fiel ich hin im Feld.
>
> Am Brunnen steh ich lange,
> Der rauscht fort wie vorher,
> Kommt mancher wohl gegangen,
> 20 Es kennt mich keiner mehr.

V. 7: schleifen – tanzen

Ob der lyrische Sprecher im Feld stürzt und zugrunde geht wie das Lebensschiff des zweiten Gesellen (siehe oben) oder ob er wieder aufsteht und sich erneut auf den Weg macht, bleibt offen. Fast scheint es so, als sei in der romantischen Welt Eichendorffs das Leben ein **beständiger Kreislauf unerfüllten Sehnens:** Auf der Suche nach dem imaginären Glück der blauen Blume als Symbol für eine harmonische Welt oder ideale Liebe ziehen die Wanderer hinaus in die Ferne, die sie, zumal aus der Nähe betrachtet, nie erreichen. Enttäuscht gehen sie in der Fremde zugrunde oder sie kehren um und machen sich erneut voller Sehnsucht auf den Weg.

Der romantische Topos von der ewigen Wanderschaft und der **Unmöglichkeit eines endgültigen Ankommens** hat auch in der Philosophie und Psychologie immer wieder Diskussionen angeregt. Eine Deutung ist, dass sich die unstillbare Sehnsucht eigentlich nicht auf die Ferne, sondern auf die **Heimat** richtet,

Die ewige Wanderschaft

Fahre zu! Ich mag nicht fragen,
Wo die Fahrt zu Ende geht!

Wem Gott will rechte Gunst erweisen,
Den schickt er in die weite Welt ...

Aufbruch

Heimweh
Was wisset ihr, dunkle Wipfel,
Von der alten, schönen Zeit?
Ach, die Heimat hinter den Gipfeln,
Wie liegt sie von hier so weit!

Sehnsucht
Es schienen so golden die Sterne,
Am Fenster ich einsam stand ...

Rückkehr
Und Herz und Sinne mir brannten,
Mich trieb's in die weite Welt,
Es spielten die Musikanten,
Da fiel ich hin im Feld.

Heimat
Kindheit
Von der alten, schönen Zeit?

Tod Sein Schifflein, das lag im Grunde ...
transzendente Heimkehr
Ach Gott, führ' uns liebreich zu Dir!

dies jedoch nicht in einer örtlichen, sondern vielmehr in einer **zeitlichen Dimension**. Mit Heimat ist dann das Herkommen aus der **Kindheit** gemeint. Das rastlose Wandern könnte also Ausdruck eines unbewussten Verlangens nach der vergangenen Heimat der Kindheit sein. Im vergeblichen Anlaufen gegen die Zeit fallen Fern- und Heimweh zusammen und halten den Wanderkreislauf in Gang. Deutlich klingt diese Paradoxie in den Zeilen aus dem Gedicht *Heimweh* an:

> Was wisset ihr, dunkle Wipfel,
> Von der alten, schönen Zeit?
> Ach, die Heimat hinter den Gipfeln,
> Wie liegt sie von hier so weit!

Die „alt[e], schön[e] Zeit" liegt weit zurück in der Ferne, ist aber nicht zu erreichen. In diesem **Wechselspiel von Täuschung und Enttäuschung** liegt die **unentwegte Wanderschaft** begründet, die in einem christlichen Verständnis erst durch den Tod und das Erreichen einer **transzendenten Heimat** beendet wird.

Zusammenfassung

Das Wandern ist ein zentraler Topos in der Literatur der Romantik. Besonders an Eichendorffs *Wanderliedern* lässt sich die tiefe **Verbindung zwischen Reisen und Poesie**, zwischen Unterwegssein und Gesang und zwischen Sehnsucht und Gedicht zeigen. Im Gegensatz zum sesshaften Kleinbürger, dem Philister, zieht es den künstlerischen Menschentyp nach draußen in die bewegte Natur; meist mit einem Musikinstrument in der Hand folgt er dem Lockruf der Ferne, denn

Ludwig Richter: Wanderschaft (um 1859)

Klang und Bewegung sind ihm alles, sei es das Strömen des Wassers, der Flug der Vögel, die Melodie des Liedes oder der Rhythmus des Wanderns. So findet sich in der romantischen Lyrik ein **fester Bestand immer wiederkehrender Motive** von rauschenden Bächen, klingenden Hörnern, funkelnden Sternen, brennenden Herzen und so fort. Allerdings fordert die Befreiung aus der statischen Enge der Kleinbürgerlichkeit ihren Preis: Der Eichendorff'sche Künstlertyp findet selten das Glück, das er sucht; meistens kommt er nie am Ziel an und geht zugrunde oder er wandert einfach immer weiter. Angetrieben zu seiner ewigen Wanderschaft wird er von einem **unstillbaren Verlangen nach einer Harmonie oder nach einer Liebe**, die sich kaum verorten lässt und seltsam irreal bleibt. Ein zentrales Sehnsuchtsmotiv der Romantik ist neben der Poesie die blaue Blume, die den Vagabunden meist im Traum erscheint.

Übungsaufgabe 3

Joseph von Eichendorff: Die blaue Blume (1818)[18]

> Ich suche die blaue Blume
> Ich suche und finde sie nie,
> Mir träumt, dass in der Blume
> Mein gutes Glück mir blüh.
>
> 5 Ich wandre mit meiner Harfe
> Durch Länder, Städt und Au'n,
> Ob nirgends in der Runde
> Die blaue Blume zu schauen.
>
> Ich wandre schon seit lange,
> 10 Hab lang gehofft, vertraut,
> Doch ach, noch nirgends hab ich
> Die blaue Blume geschaut.

V. 6: Au'n – Auen sind Wiesen, meist entlang von Gewässern

Aufgaben

1. Interpretieren Sie das Gedicht *Die blaue Blume* von Joseph von Eichendorff.

2. Vergleichen Sie Eichendorffs Gedicht *Sehnsucht* (S. 43) und Goethes *Mignon* (S. 32) im Hinblick auf ihren inhaltlichen und formalen Aufbau.

4 Das Eisenbahnzeitalter

Vormärz bis Impressionismus (ca. 1820–1910)

> *Christian Friedrich Scherenberg:*
> *Eisenbahn und immer Eisenbahn (1845)*
>
> *O Eisenbahn, was bist du kommen,*
> *Hast Wandrers Sehnen uns genommen.*
>
> Auszug zit. nach Johannes Mahr, Eisenbahnen in der deutschen
> Dichtung, München 1982, S. 62.

„Der Wagenlenker ließ die Kraft des Dampfes nach und nach in Wirksamkeit treten. Aus dem Schlot fuhren nun die Dampfwolken in gewaltigen Stößen, die sich dem schnaubenden Ausathmen eines riesenhaften, antediluvianischen [= vorsintflutlichen] Stieres vergleichen lassen. Die Wagen waren dicht aneinander gekettet und fingen an, sich langsam zu bewegen; bald aber wiederholten sich die Ausathmungen des Schlots immer schneller, und die Wagen rollten dahin, daß sie in wenigen Minuten den Augen der Nachschauenden entschwunden waren." [19]

Es ist der 7. Dezember 1835 in Nürnberg, unter lautem Stampfen schießen in immer schnelleren Stößen Dampfwolken aus einer riesigen Maschine, die in den Augen des Zeitungskorrespondenten wie ein vorsintflutliches Untier erscheint. Es ist dies der historische Augenblick, als sich die erste Lokomotive in Deutschland auf ihrer Jungfernfahrt über eine sechs Kilometer lange Gleisstrecke von Nürnberg nach Fürth in Gang setzt. Die **Dampfmaschine**, Symbol der beginnenden **industriellen Revolution**, wird nun auch in Deutschland erstmals auf Räder gesetzt und innerhalb kurzer Zeit das Reisen völlig verändern.

Hans Baluschek: Eisenbahn in Stadtlandschaft (ca. 1890)

Bereits 15 Jahre später können Fahrgäste mit dem ersten durchgehenden Schnellzug in 17 Stunden von Berlin aus Köln erreichen. Und 1871 ziehen sich durch das neu gegründete Deutsche Reich Schienenwege von 20 000 Kilometer Länge.

Bei aller Angst, die das neue Fortbewegungsmittel einflößt, fasziniert von Beginn an das für damalige Verhältnisse atemberaubende **Tempo**. Schon die ersten Lokomotiven erreichen eine Spitzengeschwindigkeit von 50 bis 70 km/h – das ist ungefähr das Fünffache der Reisegeschwindigkeit von Eilpostkutschen, die bisher als fortschrittlich galten, weil sie das Schritttempo verdoppelten. Die durch die Technik der Dampfmaschine schlagartig beschleunigte Fortbewegung durch den Landschaftsraum bietet für den Reisenden ganz neue Freiheiten des Unterwegsseins, die Entfernungen verlieren ihren Schrecken und ihre Mühen, die Zwischenräume bis zum Reiseziel werden wie im Zeitraffer überwunden – kurzum, die neue Art des Fortschreitens ist für viele Menschen ein „**Fortschritt**" im wahrsten Sinne des Wortes. Etwas von der Faszination des temporeichen Zugreisens und der Euphorie eines liberalen Fortschrittsdenkens wird in dem folgenden Gedicht aus den Pioniertagen der Eisenbahn spürbar:

LOUISE VON PLÖNNIES

Auf der Eisenbahn (1844)[20]

Rascher Blitz, der hin mich trägt
Pfeilschnell, von der Glut bewegt,
Sausend durch des Tages Pracht,
Brausend durch die dunkle Nacht,
5 *Donnernd über Stromesschäumen,*
Blitzend an des Abgrunds Säumen,
Durch der Berge mächt'ge Grüfte,
Durch der Täler nächt'ge Klüfte,
Durch der Saaten goldne Wogen,
10 *Über stolze Brückenbogen,*
Durch der Dörfer munter Leben,
Durch der Städte bunter Weben. –
Könnt', wie du, das freie Wort
Sausend zieh'n von Ort zu Ort!
15 *Alle Herzen, die ihm schlagen,*
Stürmisch so von dannen tragen,
So aus einem Land zum andern
Siegend die Gedanken wandern! –

Eine syntaktische Analyse macht die Dynamik der hier dargestellten Eisenbahnreise deutlich. Der erste Satz mit seinen vielen
Aufzählungen, die im 4-hebigen trochäischen Rhythmus über
zwölf Zeilen vorwärtsdrängen, kommt einer scheinbar nicht enden wollenden **schnellen Fortbewegung** gleich. Abgesehen
von der Überschrift wird die Eisenbahn selbst nicht genannt,
sondern mit Vergleichen umschrieben, die ihre Schnelligkeit
unterstreichen und dem typischen Bilderschatz der Zeit ent-
springen: „Blitz" und „Pfeil" (vgl. V. 1 f.) sind bekannte Modell-
namen für die ersten Lokomotiven aus der damaligen Zeit. Auch
die Partizipien im Präsens, mit denen die Folgezeilen beginnen
(vgl. V. 3–6), heben als adverbiale Bestimmungen die temporeiche Fahrt hervor. Ohne Auftakt direkt betont (vgl. „**Sau**send",

„**Brau**send" etc.) lassen die Verben dem Leser die Rasanz und Kraft der Bewegung deutlich spüren. Zudem wird das **Gefühl einer enormen Geschwindigkeit** durch die schnelle Abfolge der vielen **Landschaftsbilder** verstärkt. Auch wenn die dargestellten Naturmotive noch den Einfluss vorausgegangener Stilepochen erkennen lassen (vgl. z. B. „mächt'ge Grüfte", V. 7; „nächt'ge Klüfte", V. 8), so bleibt auch in diesen Bildern die Dynamik erhalten (vgl. z. B. „Stromesschäumen", V. 5; „goldne Wogen", V. 9). Mehr noch: Durch die vielen aneinandergereihten Szenerien von Bergen, Tälern, Dörfern und Städten sowie durch den Wechsel von Tag und Nacht (vgl. V. 3 f.) entsteht beim Leser der Eindruck, dass sich der lyrische Sprecher sowohl auf einer äußerst schnellen als auch langen Zugreise durch unterschiedliche Regionen befindet.

Mit dem Gedankenstrich am Ende des ersten Satzes (vgl. V. 12) wird ein **Perspektivwechsel** vorgenommen. Die rasende Fortbewegung durch die Ländereien weckt **Fortschrittsideen**, die gegen die territoriale Enge der Kleinstaaterei aufbegehren. Der Wunsch des lyrischen Sprechers nach einem „freie[n] Wort", das „[s]ausend [...] von Ort zu Ort" (V. 13 f.) ziehen könnte, zeigt, wie sehr mit der Eroberung des Raumes durch die Eisenbahn politische Freiheitsgedanken verknüpft werden. Es gilt, nicht nur die Bedingungen des Reisens über die Länder hinweg zu verbessern, sondern auch politische Grenzen abzubauen und eine schnellere und von Zensurbestimmungen ungehinderte Kommunikation zu ermöglichen. Damit offenbart das Gedicht von Louise von Plönnies in der Schlussaussage seine Nähe zur Literatur des **Vormärz**, die in ihren demokratischen Bestrebungen für die Pressefreiheit und ein einheitliches Deutschland eintrat – Forderungen, die schließlich zur Märzrevolution von 1848 führten.

Doch nicht alle Lyriker aus dieser Zeit stehen dem technischen und dem gesellschaftspolitischen Fortschritt positiv gesinnt gegenüber. Es gibt auch **kritische Stimmen** und so mancher sehnt sich nach der romantischen Epoche zurück, in der nicht der grelle Pfiff der Dampflokomotive ertönt, sondern das Posthorn der Kutschen zum Reisen auffordert.

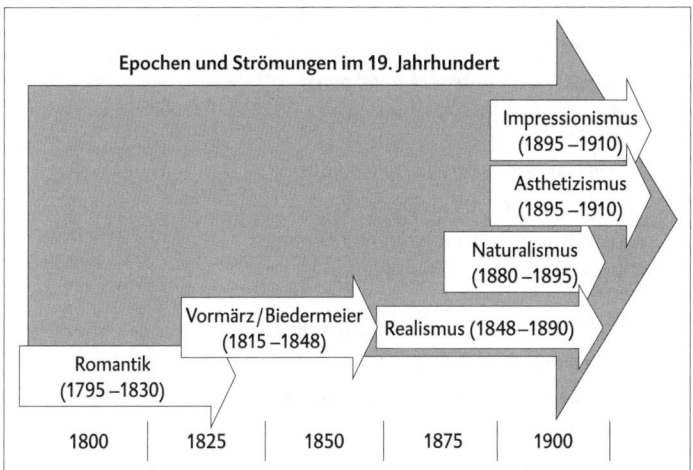

Epochen und Strömungen im 19. Jahrhundert

Impressionismus (1895–1910)

Asthetizismus (1895–1910)

Naturalismus (1880–1895)

Vormärz / Biedermeier (1815–1848)

Realismus (1848–1890)

Romantik (1795–1830)

1800 | 1825 | 1850 | 1875 | 1900 |

Ein Vertreter dieser restaurativen Stilrichtung des **Biedermeier** ist Justinus Kerner mit seinem Schmähgedicht auf die Eisenbahn:

JUSTINUS KERNER
Im Eisenbahnhofe (Auszug, 1845/52)[21]

Hört ihr den Pfiff, den wilden, grellen,
Es schnaubt, es rüstet sich das Tier,
Das eiserne, zum Zug, zum schnellen,
Her braust's wie ein Gewitter schier.

5 *In seinem Bauche schafft ein Feuer,*
Das schwarzen Qualm zum Himmel treibt;
Ein Bild scheint's von dem Ungeheuer,
Von dem die Offenbarung schreibt.

    Jetzt welch ein Rennen, welch Getümmel,
10 *Bis sich gefüllt der Wagen Raum!*
    Drauf „Fertig!" schreit's, und Erd und Himmel
    Hinfliegen, ein dämonscher Traum.

    Dampfschnaubend Tier! Seit du geboren,
    Die Poesie des Reisens flieht;
15 *Zu Ross mit Mantelsack und Sporen*
    Kein Kaufherr mehr zur Messe zieht.

    Kein Handwerksbursche bald die Straße
    Mehr wandert froh in Regen, Wind,
    Legt müd sich hin und träumt im Grase
20 *Von seiner Heimat schönem Kind.*

    Kein Postzug nimmt mit lustgem Knallen
    Bald durch die Stadt mehr seinen Lauf
    Und wecket mit des Posthorns Schallen
    Zum Mondenschein den Städter auf. [...]

V. 8: Offenbarung – gemeint ist wohl die biblische Textstelle aus der Offenbarung Jesu Christi an Johannes: „Und sie beteten den Drachen an [...]" (Offenbarung 13,3.4)

Die ersten zwölf Verse des in voller Länge 11-strophigen Gedichts schildern in eindringlichen Bildern eine **Situation am Bahnhof**. Auffallend sind die vielen Personifikationen aus dem Tierbereich, die der **Lokomotive** die Züge eines **Ungeheuers** verleihen. In den Augen des lyrischen Sprechers wird das Rangieren der Lok wie der Angriff eines eisernen, schnaubenden Tieres (vgl. V. 2 f.) empfunden, was zeigt, welche schreckliche Wirkung von dem ‚Dampfross' ausgehen konnte. Gesteigert wird das furchterregende Äußere durch den bestialischen Lärm und die schwarzen Qualmwolken, ein Szenario, das **apokalyptische Ausmaße** anzunehmen scheint (vgl. den Bezug zur Offenbarung des Johannes, V. 8). Hinzu kommt die **gehetzte Bahnhofsatmosphäre** kurz vor Abfahrt des Zuges, deren Stimmung sich in dem zerstückelten Satzbau und in den Ausrufen niederschlägt.

Karl Karger: Der Nordwestbahnhof in Wien (1875)

Nach der Abfahrt des „[d]ampfschnaubend[en] Tier[es]" (V. 13) setzt das lyrische Ich ab der vierten Strophe zu einer **Reflexion** des Geschehens ein. Geleitet wird sie von der Erkenntnis, dass mit der Geburt der Eisenbahn die **Poesie des Reisens verloren** gegangen sei (vgl. V. 14). Als Beleg folgt eine Reihe von Beispielen aus der vergangenen Wander- und Postkutschenzeit, die in ihrer heiteren und idyllischen Ausgestaltung einen klaren Gegensatz zu der hektischen Bahnhofssituation bilden. Dabei bringt Justinus Kerner typisch **romantische Motive** in Erinnerung wie den Handwerksgesellen (vgl. V. 17), die Heimat (vgl. V. 20), den Klang des Posthorns (vgl. V. 23) oder den Zauber des Mondenscheins (vgl. V. 24). Der Bezug zur Lyrik Eichendorffs ist deutlich, aber in der Verklärung des Vorbilds wirken die benutzten Bilder poetisch gewollt und fast kitschig, es fehlt die melancholische Abgründigkeit des Originals. Waren die Wanderer in Eichendorffs Liedern von einer tiefen Sehnsucht nach der unerreichbaren Ferne einer Heimat erfüllt, so sehnt sich das lyrische Ich in Kerners Gedicht nach dem **poetischen Abglanz eben dieser Sehnsucht**. Doch auch diesem Verlangen ist die Erfüllung versagt, wie dies ein dreimaliges „Kein" (V. 16, 17 und 21) zum Ausdruck bringt. Übrig bleibt die Klage des lyrischen Ich

aus den (hier nicht abgedruckten) letzten drei Strophen über den
Hochmut des Menschen, der mit Erfindungen wie der Eisenbahn und dem Dampfschiff den Zauber der Natur zerstöre.

Es ist bezeichnend, dass der lyrische Sprecher in Kerners Gedicht die Dampflokomotive als **Außenstehender** dämonisiert,
ohne in den Zug einzusteigen und sich als Fahrgast auf die Reise
zu begeben. Das ist in dem folgenden Gedicht aus der Zeit des
frühen Realismus anders, hier wird die **Fahrt** mit der Eisenbahn
für das lyrische Ich zu einem **intensiven Erlebnis:**

FERDINAND VON SAAR
Eisenbahnfahrt (1855)[22]

Eingeschlossen vom Waggon
  Lehn' ich in der Ecke,
Und der Dampf trägt mich davon
  Brausend auf der Strecke.

5 *In die Gegend rings hinaus*
  Blick' ich so im Fahren
Weithin breitet sie sich aus,
  Blühend wie vor Jahren.

Ob des Zuges Hast auch steigt,
10 *Scheint er doch zu weilen,*
Nur vor meinem Auge zeigt
  Sich ein Flieh'n und Eilen.

Dörfer, Felder, Wald und Au'n
  Ziehn vorbei im Fluge,
15 *Still, mit unverwandtem Schau'n,*
  Sinn' ich nach dem Truge.

Und in tiefster Seele klar
  Wird mir dieses Leben
Wo, was immer ist und war,
20 *Scheint vorbei zu schweben.*

Liebe, Glück und Jugendzeit,
   Ach, sie alle weilen –
Nur der Mensch in Ewigkeit
   Muss vorüber eilen.

V. 10 u. 22: weilen – verweilen, verharren, stillstehen; V. 16: Sinn' ich – denk ich (über etw.)
nach; V. 16: Truge – Trugschluss, Täuschung, Illusion

Auffallend ist der **sachliche Darstellungston**, der in diesem
Gedicht vorherrscht. Das lyrische Ich lässt sich auf die Fahrt mit
der Eisenbahn ein, ohne Stimmung gegen oder für diese Art der
neuen Fortbewegung zu machen. Nicht die Einschätzung der
Dampflokomotive, sondern das **Erlebnis** mit und in ihr steht
im Vordergrund, wie es die Situation der Eingangsstrophe ausdrücklich betont. Von der Umwelt abgekappt (vgl. „Eingeschlossen", V. 1) blickt das lyrische Ich aus dem Zugfenster und sieht,
wie die **Landschaft als Panorama** an ihm vorüberzieht. Dabei
ereignet sich für den Bahnreisenden eine seltsame **Verkehrung
von Bewegung und Stillstand:** Obwohl die Lokomotive ihre
Geschwindigkeit nach der Abfahrt eigentlich noch beschleunigt
(vgl. V. 9), steht der Fahrgast selbst, angelehnt in einer Ecke (vgl.
V. 2), auf der Stelle und schaut still und unverwandt (vgl. V. 15)
nach draußen. Anstatt des bewegungslosen Reisenden scheint
dafür die Landschaft in Bewegung geraten zu sein, wie die „im
Fluge" (V. 14) dahinsausenden Bilder anzeigen. Hervorgehoben
wird dieser Trugschluss (vgl. V. 16) durch die Gegenüberstellung
von Statik und Tempo im Reimpaar „weilen" und „Eilen" sowie
in der gedrängten Reihung der Landschaftsbilder „Dörfer,
Felder, Wald und Au'n" (V. 13).

In den beiden Schlussstrophen gewinnt der lyrische Sprecher
dieser widersprüchlichen Täuschung eine einschneidende Erkenntnis ab: Für ihn gleicht die Bahnreise einer **Lebensreise**.
Eigentlich ist nur der Zug mit seinen Passagieren in Bewegung.
Die Landschaftsausschnitte scheinen zwar vorbeizuschweben
(vgl. V. 20), in Wirklichkeit sind es aber fest in der Natur ver-

wurzelte Schauplätze. Sie werden wie biografische Abschnitte (vgl. die parallele Reihung „Liebe, Glück und Jugendzeit", V. 21) hinter sich gelassen, weil der Mensch seine Reise weiter fortsetzen muss (vgl. V. 21–24). Die Zugreise wird somit zum **Sinnbild für ein Lebenspanorama**, das sich zwar bis zu den Anfängen entrollt, aber unweigerlich auf ein **Ziel** hin weiter ausbreitet. Rhythmisch kommt dies durch das durchgängige trochäische Versmaß zum Ausdruck, das dem unentwegten Stampfen und Rattern einer Dampflokomotive ähnelt. **Das vorwärtsdrängende Metrum** mit seinen Hebungen und Senkungen gibt das Auf und Ab des Lebens wieder und weist zugleich mit seiner fallenden, abflauenden Betonung darauf hin, dass die Lebenszeit zur Neige geht: „Nur der Mensch in Ewigkeit / Muss vorüber eilen." (V. 23 f.)

Sinnbilder der Lebensreise

	Sinnbilder der Lebensreise	
Allegorie der Schifffahrt	**Motiv der Wanderschaft**	**Panorama der bewegten Landschaft**
• Das Schiff als Metapher für das Menschenleben • Das Unberechenbare des schicksalhaften Lebens (die stürmische See als Bild für die irdische Welt) • Der Hafen als Bild für die Transzendenz	• Der Mensch als Wanderer (*Homo viator*) • Der Kreislauf des irdischen Lebens im unentwegten Unterwegssein • Unstillbare Sehnsucht als Antrieb	• Der Mensch als Zugfahrgast • Rückschau auf das Leben in wie im Film am Zugfenster vorbeiziehenden Bildern • Unaufhaltsamkeit des Lebens

Das Leben als Auf und Ab Barock	Das Leben als Kreislauf Romantik	Das Leben als Film Realismus

Die panoramatische Wahrnehmung der Welt während der Zugfahrt fügt dem **Topos der Lebensreise** eine neue Perspektive hinzu. Das barocke Weltbild sieht den Menschen schicksalhaft ausgeliefert wie in einem Schiff auf stürmischer See. Der Lebensweg des romantischen Menschen vollzieht sich dagegen ganz konkret im Motiv der ewigen Wanderschaft, angetrieben von einer unstillbaren Sehnsucht nach der verlockenden Ferne. Die Lebensreise des Zugfahrgastes manifestiert sich demgegenüber weniger im konkreten Durchfahren des Raumes auf ein Ziel hin als vielmehr im Blick zurück auf die vorbeiziehenden, schwindenden Landschaftsbilder. Abgeschottet im Waggon geraten die vorbeilaufenden Bilder hinter dem Abteilfenster zu einer Art Film, so als würde das eigene Leben noch einmal vor dem inneren Auge vorbeiziehen, flüchtig, vergänglich, ohne dass man die einzelnen Augenblicke festhalten kann.

Mit der Erfindung der Eisenbahn und ihrer rasch zunehmenden Geschwindigkeit verändert sich das Reisen, aber auch die Wahrnehmung während des Unterwegsseins. Der Mensch durchschreitet die Landschaft nicht mehr als ein Teil des Naturraumes, sondern steht bzw. sitzt ihm als Fahrgast mit Blick durch das Fenster auf das vorbeiziehende Panorama distanziert gegenüber. Die andersgeartete Perspektive und die Rasanz der Fahrt finden am Ende des 19. Jahrhunderts in ganz unterschiedlichen Ausprägungen ihren Niederschlag in

„Bahnhofshalle" (1929) von Hans Baluschek, der, geprägt vom literarischen Naturalismus, viele Berliner Großstadtszenen malte

der Lyrik. Im Folgenden soll jeweils ein Eisenbahngedicht aus den Strömungen des Naturalismus, Ästhetizismus und Impressionismus vorgestellt werden. Den Anfang macht ein naturalistisches Gedicht, das die realistische Darstellung noch detailreicher vornimmt:

JULIUS HART

Auf der Fahrt nach Berlin (1882)[23]

Von Westen kam ich, – schwerer Heideduft
Umfloss mich noch, vor meinen Augen hoben
Sich weiße Birken in die klare Luft,
Von lauten Schwärmen Krähenvolks umstoben,
5 *Weit, weit die Heide, Hügel gelben Sands*
Und binsenüberwachsne Wasserkolke,
Fern zieht ein Schäfer in des Sonnenbrands
Braunglühendem Reich verträumt mit seinem Volke.

Von Westen kam ich und mein Geist umspann
10 *Weichmütig rasch entschwundne Jugendtage,*
War's eine Träne, die vom Aug' mir rann,
Klang's von dem Mund wie sehnsuchtsbange Klage? …
Von Westen kam ich und mein Geist entflog
Voran und weit in dunkle Zukunftstunden …
15 *Wohl hub er mächtig sich, sein Flug war hoch,*
Und Schlachten sah er, Drang und blut'ge Wunden.

Vorbei die Spiele, durch den Nebelschwall
Des grauenden Septembermorgens jagen
Des Zuges Räder, und vom dumpfen Schall
20 *Stöhnt, dröhnt und saust's im engen Eisenwagen …*
Zerzauste Wolken, winddurchwühlter Wald
Und braune Felsen schießen wirr vorüber,
Dort graut die Havel, und das Wasser schwallt,
Die Brücke, hei! dumpf braust der Zug hinüber.

25 Die Fenster auf! Dort drüben liegt Berlin!
   Dampf wallt empor und Qualm, in schwarzen Schleiern
   Hängt tief und steif die Wolke drüber hin,
   Die bleiche Luft drückt schwer und liegt wie bleiern …
   Ein Flammenherd darunter – ein Vulkan,
30 Von Millionen Feuerbränden lodernd, …
   Ein Paradies, ein süßes Kanaan, –
   Ein Höllenreich und Schatten bleich vermodernd.

   Hin donnernd rollt der Zug! Es saust die Luft,
   Ein anderer rast dumpfrasselnd risch vorüber,
35 Fabriken rauchgeschwärzt, im Wasserduft
   Glänzt Flamm' um Flamme, düster, trüb und trüber,
   Engbrüst'ge Häuser, Fenster schmal und klein,
   Bald braust es dumpf durch dunkle Brückenbogen,
   Bald blitzt es unter uns wie grauer Wasserschein,
40 Und unter Kähnen wandeln müd die Wogen.

   Vorbei, vorüber! und ein geller Pfiff!
   Weiß fliegt der Dampf, … ein Knirschen an den Schienen!
   Die Bremse stöhnt laut unter starkem Griff …
   Langsamer nun! Es glänzt in allen Mienen!
45 Glashallen über uns, rings Menschenwirr'n, …
   Halt! und „Berlin!" Hinaus aus engem Wagen!
   „Berlin!" „Berlin!" Nun hoch die junge Stirn,
   Ins wilde Leben lass dich mächtig tragen!

   Berlin! Berlin! die Menge drängt und wallt,
50 Wirst du versinken hier in dunklen Massen …
   Und über dich hinschreitend stumm und kalt,
   Wird niemand deine schwache Hand erfassen?
   Du suchst – du suchst die Welt in dieser Flut,
   Suchst glühende Rosen, grüne Lorbeerkronen, …
55 Schau dort hinaus! … Die Luft durchquillt's wie Blut,
   Es brennt die Schlacht, und niemand wird dich schonen.

> Schau dort hinaus! Es flammt die Luft und glüht,
> Horch, Geigenton zu Tanz und üpp'gem Reigen!
> Schau dort hinaus, der fahle Nebel sprüht,
> 60 Aus dem Gerippe nackt herniedersteigen ...
> Zusammen liegt hier Tod und Lebenslust,
> Und Licht und Nebel in den langen Gassen – – –
> Nun zeuch hinab, so stolz und selbstbewusst,
> Welch Spur willst du in diesen Fluten lassen?

V. 6: Wasserkolke – wassergefüllte Vertiefungen; V. 23: Havel – ein Fluss, der Berlin durch-
quert; V. 31: Kanaan – in der Bibel das Abraham und seinen Nachkommen versprochene
Land (Gelobtes Land); V. 34: risch – schnell; V. 63: zeuch – im Sinne von „zieh"

Entsprechend den Forderungen des **Naturalismus** an eine möglichst **wirklichkeitsgetreue Darstellung** schildert das lyrische
Ich auf der Fahrt in die Reichshauptstadt detailliert seine **Reise-
eindrücke**, welche die enorme Aufbruchsstimmung am Ende
des 19. Jahrhunderts widerspiegeln, als es die Menschen im Zuge der massiven Industrialisierung vom Land in die Ballungsräu-
me der Großstädte zog. Wer schon einmal von Westen her (vgl.
V. 1, 9, 13) mit der Bahn nach Berlin gereist ist, der wird auch
heute noch der authentischen Reiseschilderung nachspüren
können und bei allen Veränderungen die Fahrt durch die Müns-
terländische Heide – die Geburtsregion des Autors –, die Über-
querung der Havel, die Skyline der Metropole, die Einfahrt in
die Stadt durch und über Brückenbögen, an engen Häuserfassa-
den vorbei bis in den großen Kopfbahnhof hinein wiedererken-
nen, wobei der ehemalige Lehrter Bahnhof mit seinem früheren
imposanten Glaskuppeldach bereits in den 1950er-Jahren endgültig weichen musste.

Was das naturalistische Gedicht aber so interessant macht, ist
nicht nur der realistische Nachvollzug eines markanten **Orts-
wechsels vom einfachen Land zur pulsierenden Großstadt**
hin, sondern auch das Erkennen eines **geschichtlichen Wan-
dels**, der damit einhergeht. Ähnlich wie in von Saars Gedicht

scheint mit dem vor-
beiziehenden Panorama am
Zugfenster ebenso die Zeit
dahinzueilen. Die Eisen-
bahnfahrt lässt sich dann als
Sinnbild für eine **Reise in
eine neue Ära** deuten, die
für den Anbruch der groß-
städtischen Moderne steht

und die frühere Agrargesellschaft hinter sich lässt. Zugleich
können wir, wie der inhaltliche Aufbau des Gedichts zeigt, den
zeitlichen Aspekt auch **biografisch** auf den Werdegang des lyrischen Sprechers eingrenzen. Die zwei Eingangsstrophen gehören der ländlichen **Heimat** und der **Vergangenheit** an, wenn
sich das lyrische Ich wehmütig „entschwundne[r] Jugendtage"
(V. 10) erinnert. Die vier Mittelstrophen beschreiben mit der
Annäherung an Berlin den Übergang zum **Erwachsenwerden**,
das die möglichen Verlockungen („süßes Kanaan", V. 31) und
Abgründe („Höllenreich", V. 32) seines zukünftigen Aufent-
haltsortes gegeneinander abwägt. Die zwei Schlussstrophen mit
der Ankunft in der Metropole zeigen einen **jungen Mann**, der
sich ins moderne Großstadtgewimmel stürzt, angesichts der
Menschenmassen zwar zaudernd (vgl. V. 49–52), aber letztlich
gewillt, sich im Kampf ums Dasein erfolgreich durchzusetzen
(vgl. V. 53–56). Dabei blickt die letzte Strophe, ganz im Sinne
des Lebenspanoramas, auf das **Lebensende** voraus. Das Reigen-
lied einer Geige im Ohr, das an einen Totentanz gemahnt (vgl.
V. 57–61), stellt sich das lyrische Ich vor, welche Spuren es wohl
in der Welt hinterlassen wird (vgl. V. 64).

Wie sehr Zug- und Zeitreise miteinander verschränkt sind
und wie neuartig das Gedicht mit der Geschwindigkeit der
Eisenbahn und mit den Mitteln der Rück- und Vorausschau
spielt, zeigt eine genauere Analyse von **Rhythmik** und **Syntax**.

Zunächst vermitteln der gleichmäßige Jambengang und die drei
Mal wieder aufgenommene Wendung „Von Westen kam ich"
(vgl. V. 1, 9, 13), wie sich das lyrische Ich, von der Monotonie
der Fahrgeräusche eingelullt, in seine Gedanken einwiegt und
Kindheitsträumen (vgl. V. 9–12) wie auch Zukunftsvisionen
(vgl. V. 13–16) nachhängt. Mit der dritten Strophe gewinnt das
Gedicht an **Dynamik**, wenn sich das Ich der lärmenden Gegenwart des Zuges bewußt wird und die draußen dahineilende
Landschaft wahrnimmt. Der bisher getragene Satzrhythmus verliert sich an eine aufgesprengte Syntax, begleitet von einer Folge
sich rasch bewegender Bilder. Eine Vielzahl von **Verben der beschleunigten Bewegung** (vgl. jagen, sausen, schießen, brau-
sen) unterstützt die Vorstellung von der rasenden Geschwindigkeit des Zuges. Ist Berlin dann in Sichtweite, steigert sich die
Aufregung fühlbar, was die **Ausrufe** und die **Feuermetaphern**
dokumentieren (vgl. Strophe 4). Als die Stadtgrenzen schließlich erreicht werden, lösen sich die Bilder immer hektischer ab,
der Rhythmus wird kleinteilig, wenn ein anderer Zug sowie
Bruchstücke von Häuserzeilen und Brückenbögen dicht am Fenster vorüberzufliegen scheinen (vgl. Strophe 5). In der Dynamik
des Geschehens bildet die Einfahrt des Zuges in die gläsernen
Hallen des Bahnhofs – konträr zur abnehmenden Geschwindigkeit – den Höhepunkt der Reise, man hört das Knirschen der
Schienen und das Kreischen der Bremsen, begleitet von viel-
fachen Ausrufen und von durch Auslassungszeichen eingestreuten Satzfragmenten (vgl. Strophe 6). Zusammenfassend lässt
sich sagen, dass das **Spiel mit dem variierten Tempo** für die
Lyrik neue Möglichkeiten in der formalen und sprachlichen Gestaltung eröffnet und die „Schnitttechnik" der nacheinander
montierten Bilder schon etwas von den Visualisierungsformen
vorwegnimmt, wie sie dann vom Film im folgenden Jahrhundert angewandt werden.

Die Nähe des Naturalismus zum Film liegt sicherlich an seinem Anspruch, der äußeren Wirklichkeit so detailreich und objektiv (vgl. das Objektiv der Kamera) wie möglich nahezukommen. Eine deutliche Abkehr vom Naturalismus und damit auch eine Abwendung von den Erscheinungen aus der Realität unternimmt dagegen die Stilströmung des **Ästhetizismus**, wie das nachfolgende Gedicht zeigt:

STEFAN GEORGE
Wir jagen über weisse steppen (1891)[24]

Wir jagen über weisse steppen
Der trennung weh verschwand im nu
Die raschen räder die uns schleppen
Führen ja dem frühling zu.

5 *Die nacht voll rollender gedanken*
Ich weiss … und wie nach spätem schlaf
Als vor dem licht die nebel sanken
Matter schein die scheiben traf

Wo farren gräser junge palmen
10 *Ganz aus kristall sich aufgestellt*
Mit ähren moosen schachtelhalmen
Wundersame pflanzenwelt!

V. 9: farren – palmenartige Gewächse aus dem Pflanzenreich vergangener Zeiten

Auch in diesem Reisegedicht wird die Geschwindigkeit des Unterwegsseins betont (vgl. „jagen", V. 1; „im nu", V. 2 sowie die Alliteration „[d]ie raschen räder", V. 3). Und ebenso wie in den beiden vorausgegangenen lyrischen Texten erfolgt die schnelle Fortbewegung nicht nur durch den Landschaftsraum („weisse steppen", V. 1), sondern auch durch die Zeit („dem frühling zu", V. 4). Worin sich jedoch dieser Text von den anderen unterscheidet, ist die **fehlende Konkretion**. Wer steht z. B. für das Subjekt „Wir" – eine Gruppe von Menschen, ein Paar oder der lyrische Sprecher zusammen mit dem Leser? Und handelt es sich überhaupt um eine Eisenbahn, in der die Reise vollzogen wird? Eine eindeutige Antwort findet sich auch nicht im weiteren Textverlauf, das lyrische Ich scheint das Wissen über seine Situation für sich behalten zu wollen, wie die Auslassungszeichen signalisieren (vgl. „Ich weiss…", V. 6). Wohl könnte sich das Ich in einem Zugabteil aufhalten, wie die „rollende[n] gedanken" (V. 5), in „spätem schlaf" (V. 6) und „die scheiben" (V. 8) nahelegen.

Doch offensichtlich geht es in diesem Gedicht nicht um eine konkrete Situierung. Die äußere **Wirklichkeit** scheint merkwürdig **entrückt**, Nacht und Nebel (vgl. V. 5, 7) sowie die schneebedeckten Steppen bieten keine Kontur, keinen Anhaltspunkt. Stattdessen steht in der dritten Strophe eine der winterlichen Jahreszeit entgegengesetzte Kunstwelt voller Farne, Gräser und Palmen im Vordergrund, die sich offensichtlich als Eisblumen im Raureif (vgl. „kristall", V. 10) an der Innenseite der Fensterscheibe gebildet hat. Diese Hinwendung zu einem **Kunstreich des Schönen** fern von der Banalität des Wirklichen ist symptomatisch für den Ästhetizismus. Diese Strömung entstammt dem Gedanken des französischen Symbolismus, dass die Kunst sich selbst genüge („**l'art pour l'art**": Die Kunst um der Kunst willen) und dass der Text als Kunstform nicht über die Beschreibung ästhetischer Figurationen hinausgehen solle.

Die Stilrichtung des literarischen **Impressionismus** wendet sich ebenfalls verstärkt der kunstvollen Formgebung zu, ohne jedoch die gesellschaftliche Realität völlig außer Acht zu lassen. Der Fokus der Darstellung liegt aber nicht auf dem äußeren Geschehen selbst, sondern auf der subjektiven Wirkung, die das Geschehen in Form von momentanen Stimmungen und sinnlichen Eindrücken (vgl. Impression) hinterlässt. Wie sehr dann die sinnlichen Reize von Tönen, Licht und Bildern in den Vordergrund rücken, wird in dem folgenden Eisenbahngedicht sicht- und hörbar:

DETLEV VON LILIENCRON
Der Blitzzug (1903)[25]

Quer durch Europa von Westen nach Osten
Rüttert und rattert die Bahnmelodie.
Gilt es die Seligkeit schneller zu kosten?
Kommt er zu spät an im Himmelslogis?
5   Fortfortfort, Fortfortfort drehen sich die Räder
Rasend dahin auf dem Schienengeäder;
Rauch ist der Bestie verschwindender Schweif,
Schaffnerpfiff, Lokomotivengepfeif.

Länder verfliegen, und Städte versinken,
10 Stunden und Tage verflattern im Flug,
Täler und Berge, vorbei, wenn sie winken,
Traumbilder, Sehnsucht und Sinnenbetrug.
     Mondschein und Sonne, noch einmal die Sterne,
     Bald ist erreicht die beglückende Ferne,
15   Dämmerung, Abend und Nebel und Nacht,
     Stürmisch erwartet, was glühend gedacht.

Dämmerung senkt sich allmählich wie Gaze,
Schon hat die Venus die Wache gestellt.
Nur noch ein Stündchen! Dann nimmt sich die Straße,
20 Trennt, was sich hier aneinander gesellt:
     Reiche Familien, Bankiers, Kavaliere,
     Landrat, Gelehrter, ein Prinz, Offiziere,
     „Damen und Herren", ein Dichter im Schwarm,
     Liebliche Kinder mit Spielzeug im Arm.

25 Nun ist das Dunkel dämonisch gewachsen,
In den Kupees brennt die Gasflamme schon.
Fortfortfort, Fortfortfort, glühende Achsen,
Schrillt ein Signal, klingt ein wimmernder Ton?
     Fortfortfortfortfortfort – steht an der Kurve,
30   Steht da der Tod mit der Bombe zum Wurfe?
     Halthalthalthalthalthalthalthaltein –
     Ein anderer Zug fährt schräg hinein.

> Folgenden Tages, unter Trümmern verloren,
> Finden sich zwischen verkohltem Gebein,
> 35 Finden sich schuttüberschüttet zwei Sporen,
> Brennscheren, Uhren, ein Aktienschein,
> Geld, ein Gedichtbuch: „Seraphische Töne",
> Ringe, ein Notenblatt: „Meiner Camöne",
> Endlich ein Püppchen im Bettchen verbrannt,
> 40 dem war ein Eselchen vorgespannt.

V. 4: Logis – Herberge, hier als Platz im Himmel (nach dem Tod) gemeint; V. 17: Gaze – halb durchsichtiges Gewebe; V. 26: Kupees – Coupés = Zugabteile; V. 35: Sporen – an Reitstiefeln befestigte gebogene und mit Dorn versehene Metallstücke, mit denen der Reiter dem Pferd ein Signal gibt; V. 36: Brennscheren – Werkzeuge zum Frisieren von Locken; V. 37: seraphisch – engelsgleich; V. 38: Camöne – Eigenname, in der Dichtung ist Camöne die Muse für das Gute und Schöne

Noch mehr als im vorausgegangenen Gedicht wird hier die **Geschwindigkeit** der Eisenbahn thematisiert. Die Schnellzüge, die ab 1850 mehr und mehr eingeführt und aufgrund ihres für damalige Verhältnisse rasanten Tempos auch Blitzzüge genannt wurden (vgl. Titel), machten den Reisefernverkehr auf Schienen um einiges attraktiver, setzten aber auch große Ängste frei. Angesichts der technischen Aufrüstung im Wilhelminischen Zeitalter fragten sich die Menschen, wie die Annehmlichkeit des **schnelleren Vorankommens** und das **gestiegene Gefahrenausmaß** durch technisches oder menschliches Versagen gegeneinander abzuwägen sind. Der Schriftsteller von Liliencron stellt die Frage in seinem Gedicht noch zugespitzter: „Gilt es die Seligkeit schneller zu kosten? / Kommt er [der Zug] zu spät an im Himmelslogis?" (V. 3 f.) Mit anderen Worten: Warum sollte man eine Reise beschleunigen, wenn sie dadurch – zumal im übertragenen Sinn einer Lebensreise – umso schneller zu Ende geht?

Diese Leitfrage begleitet die fünf Oktaven (8-zeiligen Strophen) des Gedichts, sie schwingt im **daktylischen Takt** durch die rütternde und **ratternde Bahnmelodie** (vgl. die lautmalerische Alliteration in V. 2), bis es zur Katastrophe, dem Zugunglück, kommt. Die Oktaven weisen dabei durch optische Ein-

rückung und klangliche **Ab-
änderung des Reimsche-
mas** eine Zweiteilung auf.
Dadurch, dass in der jeweils
zweiten Hälfte gereihte Paarreime die Kreuzreime ablö-
sen, wird die Wirkung eines
beschleunigten Tempos und
einer gesteigerten Spannung
erzielt, ein Effekt, der durch
die vielen elliptischen Aufzählungen und durch die
lautmalerischen Neologis-
men (z. B. „Fortfortfort,

Fortfortfort", V. 5, 27, 29) beträchtlich verstärkt wird. Gerade
diese wiederholte, auffällig gedrängte Schallwortbildung für die
Rasanz der Fortbewegung zeigt eine für den Impressionismus
typische Eigenart auf, den Stimmungen und **sinnlichen Eindrücken** ein vorrangiges Augenmerk zu schenken. Der Blitzzug
wird bezeichnenderweise nur im Titel genannt, im Gedichttext
rückt dann nicht die Eisenbahn als Mittel der Fortbewegung,
sondern die Fortbewegung selbst ins Zentrum. Der dynamische
Prozess, die Geschwindigkeit, verselbstständigt sich geradezu,
was in den verschiedensten sinnlich wahrnehmbaren Lauten und
Bildern zum Ausdruck kommt: der Rauch der Lokomotive als
„verschwindender Schweif" (V. 7), die grell nachhallenden Pfiffe
des Schaffners und des Zuges (vgl. V. 8), das Glühen der Achsen
(vgl. V. 27), das Versinken der Städte (vgl. V. 9) und die im Fluge
verflatternde Zeit (vgl. V. 10). Im Rausch des Tempos und im
Vorbeifliegen des Panoramas lösen sich die gegenständlichen
Einzelheiten auf, übrig bleibt die **subjektive Wirkung** in Form
schwingender Stimmungen, wie die romantische Sehnsucht
und Wunschbilder von Mondscheinnächten (vgl. V. 12 ff.), die

sich als Stimmen von ihren Trägern, den Passagieren, losgelöst haben und sich im Takt der Bahnmelodie vereinen.

Doch diesen Stimmungen wohnt etwas **Unheilvolles** inne. Das liegt daran, dass die im Nu verfliegende Zeit („Nur noch ein Stündchen!", V. 19) von einem spannungsgeladenen Spiel mit **Licht- und Klangreizen** begleitet wird, wie die hereinbrechende Dämmerung (vgl. V. 17), die sich zu einer dämonischen Dunkelheit ausweitet (vgl. V. 25), oder das schrille Signal, dem „ein wimmernder Ton" folgt (V. 28). Die düstere Dynamik wirkt wie ein Sog, dem die **Reisenden**, die nur schemenhaft nach Stand, Beruf, Geschlecht und Alter typisiert sind (vgl. V. 20–24), **hilflos ausgeliefert** zu sein scheinen. Noch einmal wird die Geschwindigkeit mit einem 6-fach zusammengezogenen Schallwort „Fort..." (V. 29) gesteigert und einer 9-fach in die Länge gezogenen Stimme entgegengesetzt („Halt... ein", V. 31), die vergeblich das Tempo zügeln will – dann endet die rasante Fahrt in einer gewaltigen **Katastrophe**.

Von Liliencrons lyrische Impression des Blitzzuges lässt sich als **Kritik an der modernen Verkehrstechnik** lesen. Die stete Beschleunigung führt zu einem unheilvollen Sog, der das Reisen letztlich ad absurdum führt und unweigerlich in eine Katastrophe mündet. Schonungslos, aber auch **ironisch** wird das Ausmaß des Unglücks in der letzten Strophe beschrieben. „[Z]wischen verkohltem Gebein" (V. 34) findet sich unter anderem ein halbzerstörtes Spielzeug aus den ‚Kindertagen des Reisens‘: „Endlich ein Püppchen im Bettchen verbrannt,/ dem war ein Eselchen vorgespannt." (V. 39 f.) Mit den auffällig wiederholten Diminutiven erinnert der Impressionist an eine langsame und **organische Form der Fortbewegung**, die im Gegensatz zur gigantischen Zugmaschine einem menschlichen Maß entsprach und in ihrem Tempo mit den menschlichen Wahrnehmungsfähigkeiten Schritt hielt. Der Blitzzug wird hier zum **Symbol für einen bedingungslosen maschinellen Fortschritt**, dessen

Kontrollierbarkeit kritisch hinterfragt wird. Wenn man so will, verweist das Gedicht auch indirekt auf die massive technische Aufrüstung im Deutschen Kaiserreich, die die Katastrophe des Ersten Weltkriegs vorausahnen lässt.

Zusammenfassung

Die Grafik illustriert die Schubkraft des **Maschinenzeitalters** mit der Folge einer wachsenden **Mobilität** und zunehmenden **Industrialisierung**. Durch die Produktion immer schneller werdender Dampflokomotiven verkürzt sich die Reisezeit und verbessert sich die Verteilung der Güter. Diese Dynamik spiegelt sich nicht nur wirtschaftlich, sondern auch kulturgeschichtlich in einer immer dichteren und **rascheren Abfolge der stilistischen Strömungen** bis in die Jahrhundertwende hinein wider. Dabei ist kennzeichnend, dass die Stilrichtungen zum Teil miteinander konkurrieren. Während die Gedichte des Biedermeier den romantischen Reisemotiven nachhängen und die Eisenbahn als Bestie verteufeln, begrüßen die ungefähr zeitgleichen Gedichte des Vormärz die Schnelligkeit der dampfbetriebenen neuen Fortbewegungsmittel als Fortschritt. Die Hinwendung zur Wirklichkeit, wie sie der poetische Realismus vertritt, wird im Naturalismus unter dem Anspruch einer größtmöglichen Objektivität radikalisiert, die ästhetizistische Strömung verschließt sich dagegen der als banal empfundenen industrialisierten Realität zugunsten einer Welt kunstvoller Formen nach dem Motto „L'art pour l'art". Der literarische Impressionismus versucht eine Synthese dieser Gegensätze, indem er sich auf sinnlich-subjektive Eindrücke und Stimmungen konzentriert, den Blick für die realen Tatsachen dabei aber nicht verliert. Allen Eisenbahngedichten ist gemeinsam, dass sie die besondere **Geschwindigkeit** dieser neuen Form des maschinellen Reisens hervorheben, sei es als Ausdruck des **Fortschritts**, sei es aus **Angst** vor einem drohenden Unglück oder sei es aus Gründen neu gewonnener Wahrnehmungsperspektiven.

Stilistische Strömungen im Eisenbahnzeitalter des 19. Jahrhunderts

1815–1848

Biedermeier:

Sentimentaler Rückblick auf die Postkutschenzeit, die als „Poesie des Reisens" begriffen wird; Angst vor dem Zug als „Dampfross" und „Ungeheuer"

Beispiel: J. Kerner, Im Eisenbahnhofe (1845/52)

1815–1848

Vormärz:

Dampf als Symbol des Fortschritts; Entdeckung der Geschwindigkeit; Vision einer Reise zur nationalen Einheit über die Ländergrenzen hinweg

Beispiel: L. von Plönnies, Auf der Eisenbahn (1844)

1848–1890

Realismus:

Konkretes Erlebnis einer Bahnfahrt in sachlicher Schilderung; Reflexion der Perspektive: Panoramatische Lebensreise im Rückblick

Beispiel: F. v. Saar, Eisenbahnfahrt (1855)

1880–1895

Naturalismus:

Detaillierte Beschreibung einer Bahnfahrt unter dem Anspruch einer möglichst genauen, objektiven Wiedergabe; zunehmende Geschwindigkeit spiegelt sich auch syntaktisch wider; Zeitreise in die Industriegesellschaft

Beispiel: J. Hart, Auf der Fahrt nach Berlin (1882)

1895–1910

Ästhetizismus:

Bahnfahrt als Reise in eine Kunstwelt bei weitgehendem Verzicht auf Beschreibung des äußeren Geschehens; Wegwendung von der banalen Realität der Industrialisierung

Beispiel: S. George, Wir jagen über weisse steppen (1891)

1895–1910

Impressionismus:

Detaillierte Beschreibung der subjektiven Wirkung einer Bahnfahrt in Form sinnlich wahrnehmbarer Laute und Bilder; Geschwindigkeit gerät außer Kontrolle; Blitzzug als Bild für die Reise in eine Katastrophe

Beispiel: D. v. Liliencron, Der Blitzzug (1903)

Übungsaufgabe 4

Karl Bleibtreu: Schnellzug[26]

Das Dampfroß dröhnend schnaubte
    Voran in tiefer Nacht.
Und ich, der Schlafberaubte,
    Hielt mit mir selber Wacht.

5 Die Räder rastlos rollten
    Wohl über Berg und Tal,
Als ob erklimmen wollten
    Sie dort den Morgenstrahl.
Die Finsternis durchgellten
10 Die Pfiffe laut genug –
Doch wenn wir nun zerschellten
    An einem andren Zug?

Dampfsäulen uns umqualmen.
    Im nächsten Augenblick
15 Mag uns der Tod zermalmen
    Das trotzige Genick.
Ein Wort, zu früh gegeben,
    Zu spät ein Zeichen nur –
Von unser aller Leben
20 Verweht dann leicht die Spur.
Da ich so sinnend lauschte,
    Da plötzlich däuchte mir,
Dass mit uns weiterrauschte
    Die Weltgeschichte hier.
25 Dem Eisenwagen gleichen
    Die Räder auch der Zeit –
Mit nimmermüden Speichen
    Fortrollend weit und breit.

Doch weiter, weiter! heischen
30 Wir alle ruhelos –
Wann wird der Notpfiff kreischen:
    Weh uns, Zusammenstoß?

V. 21: sinnend – in Gedanken versunken, nachdenklich; V. 22: däuchte mir – kam mir der Gedanke; V. 29: heischen – mit Nachdruck fordern, verlangen

Aufgabe

Welchen Stilrichtungen aus dem 19. Jahrhundert würden Sie das Gedicht am ehesten zuordnen? Begründen Sie Ihre Wahl mit einer Analyse der Kernaussage des Gedichts und Textbelegen.

5 Die Reise als Aufbruch in die Moderne

Expressionismus (ca. 1910–1925)

> *Ernst Stadler: Form ist Wollust (1914)*
>
> *Form will mich verschnüren und verengen,*
> *Doch ich will mein Sein in alle Weiten drängen –*
>
> Auszug aus: Ernst Stadler, *Der Aufbruch*.
> *Gedichte*, München (Kurt Wolff) 1920, S. 30.

Gewöhnlich bedeutet für uns „modern" alles das, was gegenwärtig gerade in Mode, also zeitgemäß ist. Schwer zu verstehen ist daher, dass dieses Wort auch in der Form des Substantives als Bezeichnung für einen geschichtlichen Zeitabschnitt gebraucht wird, verdienen doch solche Epochen meist erst einen Namen, wenn sie vergangen sind. Tatsächlich sprechen wir heute von der Epoche der „**Moderne**" als einer Zeitperiode gewaltiger Modernisierung, in der sich Deutschland seit der Reichsgründung 1871 und bis zu den Anfängen des Folgejahrhunderts von einer Agrar- zu einer **industriellen Massengesellschaft** wandelt. Die ungeheure Dynamik dieser Veränderung wird auch, wie es das vorherige Kapitel gezeigt hat, durch die sich immer schneller ablösenden und zum Teil überlappenden Stilrichtungen gespiegelt.

Eine dieser Strömungen zu Beginn des 20. Jahrhunderts, der Expressionismus, wird meist als eigentlicher Beginn der literarischen Moderne angesehen. Das liegt an dem ungeheuren Spannungsfeld, das der dynamische Umbruch der Modernisierung hervorbringt. Der Expressionist sieht sich kurz vor dem Ersten Weltkrieg hin- und hergerissen zwischen einer desillusionierten

Kritik an der Sinnleere der Wilhelminischen Ära und einer **Begeisterung für die neuen Möglichkeiten technischer und kultureller Welterfahrung**. Zugespitzt formuliert schlägt sich in den frühen expressionistischen Gedichten der Aufbruch in die Moderne als Reise in den Niedergang oder als Reise zu neuen Ufern nieder. In dieser Spannung bezieht die Lyrik einerseits bisherige Darstellungsstile aus dem Realismus, Naturalismus und Impressionismus mit ein, andererseits versucht sie sich von einengenden Traditionen zu befreien und probiert sich mit „Wollust" (siehe Zitat oben) an **innovativen Formen des Ausdrucks**, um den galoppierenden Zeitgeist einer durch Verstädterung und Technisierung entfremdeten Welt in ihren Texten einzufangen. Wie zu zeigen sein wird, spielen gerade für die Reisegedichte aus der literarischen Moderne die technischen Errungenschaften der verschiedenen Fortbewegungsmittel wie das Dampfschiff, das Flugzeug, das Auto und der Schnellzug eine bedeutende Rolle.

GEORG HEYM

Die Dampfer auf der Havel (1911)[27]

Der Dampfer weißer Leib. Die Kiele schlagen
Die Seen weit in Furchen, rot wie Blut.
Ein großes Abendrot. In seiner Glut
Zittert Musik, vom Wind davongetragen.

5 *Nun drängt das Ufer an der Schiffe Wände,*
Die langsam unter dunklem Laubdach ziehn.
Kastanien schütten all ihr weißes Blühn
Wie Silberregen aus in Kinderhände.

Und wieder weit hinaus. Wo Dämmrung legt
10 *Den schwarzen Kranz um einen Inselwald,*
Und in das Röhricht dumpf die Woge schlägt.

Im leeren Westen, der wie Mondlicht kalt,
Bleibt noch der Rauch, wie matt und kaum bewegt
Der Toten Zug in fahle Himmel wallt.

Titel: Havel – großer Nebenfluss der Elbe, meist schiffbar, fließt durch mehrere Seen und auch durch Berlin; V. 11: Röhricht – schilfartige Pflanzen im Uferbereich

Neuartig im Sinne der literarischen Moderne ist in diesem Gedicht die für Georg Heym typische **Komposition des Bildes**, die ihre Anlehnung an den französischen Symbolismus verrät. Zum einen wird, wie bereits der Titel ankündigt, von einer **realen Situation** ausgegangen, den vorüberfahrenden Dampfschiffen auf dem Havelfluss. Zum anderen wird dieser Situation eine abgeleitete Bilderfolge unterlegt, die sich zu einer bedrohlichen **Prozession des Todes** verdichtet.

In beide Ebenen führen die zwei Begriffe des elliptischen Satzes aus der Anfangszeile anschaulich ein: Die „Dampfer" knüpfen an die gegenständliche Welt aus der Überschrift an, der „weiß[e] Leib" verleiht dagegen den Schiffen eine personifizierte Bildhaftigkeit, die – zumal durch die Blässe – die Assoziation von im Wasser treibenden leblosen Körpern aufkommen lässt. Dabei steht dieses Bild im Zentrum, die Dampfer im vorangestellten Genitiv Plural haben nur überleitenden Bezug. Ähnlich ist die Blickführung im zweiten, nun mit einem Verb vollständig ausgestatteten Satz. Das Subjekt „Die Kiele" (V. 1) stellt zunächst den Bezug zum Schiffsbauch aus der realen Welt wieder her, anstatt der Wellen schlagen sie jedoch die „Seen [...] in Furchen" (V. 2). Solche linienförmigen Einschnitte erinnern an Ackerschollen oder, denkt man an die Personifikation menschlicher Körper, an tiefe Hautfalten, sie schließen sich nicht, sondern bleiben als **narbige Spuren der verstrichenen Zeit**. Das eigentlich friedliche Bild von Schiffen, die mit ihren Kielen das Wasser durchpflügen, erhält dadurch einen Anflug von Härte und **Gewalt**, was durch den Vergleich im Nachsatz „rot wie Blut" (V. 2) markant bekräftigt wird. Dieses Spiel zwischen zwei verschiedenen Ebenen wiederholt sich inhaltlich wie syntaktisch in den letzten zwei Zeilen der ersten Strophe. Zunächst folgt erneut ein elliptischer Satz, der das Bild blutiger Wunden mit einem Bezug zur Realität erklärt: „Ein großes Abendrot" (V. 3) scheint sich in den aufgeworfenen Wellen zu spiegeln. Die vielleicht reflexhaft einsetzende romantische Stimmung wird durch den Widerschein einer Glut, die an Feuer und Verbrennen erinnert, jedoch irritiert. Assoziationen des Abendrots mischen sich nun mit solchen vom ‚Abendtod'; zudem scheint die Musik auf den Ausflugsdampfern wie vor etwas Bedrohlichem zu erzittern und erstirbt im vorüberwehenden Wind (vgl. V. 4).

Dieses Spiel einer **Schwebe** zwischen vermeintlich **realen Bildern** von friedlicher Stimmung und **surrealen Visionen des Todes** neigt sich im Verlauf der folgenden drei Strophen eindeutig der Seite des Untergangs zu. Fast scheint es so, als gleiche die Dampferfahrt einer Lebensreise, die mit zunehmender Dauer an ihr Ende kommt. Zunächst aber wird in der **zweiten Strophe** die Weiterfahrt verzögert, die Ufer scheinen vom

Schiff Besitz zu ergreifen und Kastanienblüten schütten sich über das Schiff aus, als wolle der Frühling niemals enden. Doch das ist nur eine kurze **Zwischenstation**, wie die folgenden zwei Terzette zeigen. Die Dampfer legen wieder ab, die Dämmerung umringt wie ein schwarzer Kranz das Inselufer (vgl. V. 9 f.), und die davonfahrenden Schiffe nehmen im kalten Mondlicht langsam wie schwimmende Särge die Züge einer **Leichenprozession** an: „Der Toten Zug in fahle Himmel wallt." (V. 14)

Die besondere Bildkomposition macht aus einer fröhlichen Schiffspartie auf mehreren Ausflugsdampfern eine **düstere Totenreise**. Man könnte auch sagen, Heym verwandelt die idyllische Havel über die ausgewählten Bilder in einen Styx, den grauenvollen Fluss der Unterwelt aus der griechischen Mythologie. Dabei gewinnt die Verwandlung noch an Schärfe, weil **kein lyrisches Ich** sie vermittelt, die Untergangsvision bekommt dadurch etwas von einer zwangsläufigen Gegebenheit. Verstärkt wird diese Zwangsläufigkeit auch durch die traditionelle Gedichtform des **Sonetts** und seine Zielstruktur (vgl. Schaukasten auf S. 13). Setzt die zweite vierzeilige Strophe mit ihrem silbernen Blütenregen bewusst einen verzögernden Gegensatz zum Thema Tod, Blut und Wunden des ersten Quartetts, so beschleunigen die beiden anschließenden Dreizeiler die Todesfahrt in die Dämmerung bis hin zur pointierten Schlusszeile. Dabei sind die Visionen von Tod und Untergang erschreckend real, wenn man die Entstehungszeit des Gedichts bedenkt: Im Folgejahr ertrank der Autor beim Schlittschuhlaufen auf der Havel (!), wenige Monate später sank die Titanic, das größte Schiff jener Zeit, und zwei Jahre später zogen deutsche Soldaten mit Musik und Begeisterung in einen Krieg, der nur ein kurzer Ausflug zu werden versprach, in Wahrheit aber vier Jahre dauerte und sich mit Millionen von Toten als bis dahin verlustreichster Konflikt in der Geschichte der Menschheit entpuppte.

Dem literarischen Expressionismus sind zwei Seiten eigen, die zusammengehören: Kritik und Leid an einer zugrunde gehenden alten Welt und eine begeisterte Aufbruchsstimmung mit Blick auf neue Welten. Wegweisend für beide Richtungen war im ausgehenden 19. Jahrhundert („Fin de Siècle") der Schriftsteller und Philosoph Friedrich **Nietzsche**. Mit seinem markanten Ausspruch „**Gott ist tot**" verwies er auf eine sinnentleerte Welt unter einem entgötterten, „fahle[n]" (Heym, V. 14) Himmel, zugleich aber schuf er auf Grundlage dieser nihilistischen Sicht seine **Theorie vom Übermenschen**, der sich über die Gesellschaft der Herdentiere erhebt, ohne Rücksicht auf Moral oder die Menschen selbst. Etwas von einem solchen ‚Überflieger' finden wir in dem folgenden expressionistischen Gedicht, das erstmals das Erlebnis einer Reise mit dem Flugzeug beschreibt:

WALTER HASENCLEVER
Erster Flug (1911/12)[28]

Noch einmal erfülle mich brausendes Spiel!
Vom Gedärm der Erde ackre dich bloß;
Stampfe, bäume dich, schwanke los,
Steige – sei ohne Grenze und Ziel!
5 *Blaue Monteure rennen im Trab,*
einem schlägt es die Arme ab;
Messingtrompeten verdünnen die Lüfte,
Toiletten, Autos, gespitzte Bärte;
Mitaufsteigen des Feldes Düfte
10 *Und eines fernen Zuges Fährte.*
Die krüppligen Menschen sind dein nicht mehr.

Höre den Strom! Er fliegt vor dir her.
Hinter dir schreit der Motor. Lass ihn morden.
Mensch aus Fleisch – Du bist Stahl geworden!
15 *Riesengroß aus dem Violetten*

> *Bricht die Sonne auf wie ein Brandgeschwür;*
> *Alles ergänzt sich zu Flächen und Ketten,*
> *Sehnsucht, dass wir Flügel hätten,*
> *Schwebt; ein schlankes, schwarzes Tier.*
> 20 *Wald, Fabrik und Marionetten*
> *Graben sich wie Maulwürfe ein.*
> *Und die Erde kriecht wie Wein*
> *Langsam trunken aus den Betten.*
>
> *Hinaus denn, Zeit an der ich hänge!*
> 25 *Wir fahren und alles ist stillgestellt.*
> *Die Ungeduld deiner Taten, deiner Gesänge*
> *Bricht aus Jahrhunderte langer Enge –*
> *Du hast begonnen – vollende die Welt!*
> *Werde Form, was deine Maschine trug!*
> 30 *Hinaus denn, Zeit nach der ich dränge!*
> *Sei Eisen! Sei Höhensteuer! Sei Flug!*

Die drei Strophen des Gedichts sind von unterschiedlicher Länge und variieren in den Reimformen, inhaltlich aber sind sie klar gegliedert: Die **erste Strophe** schildert die **Startphase des Flugzeugs** und beschreibt, wie der lyrische Sprecher, ob als Passagier oder als Pilot, von der Erde abhebt. Die **zweite Strophe** widmet sich dem **Flug** und den Empfindungen beim Betrachten der Welt von oben. Die **dritte Strophe** gipfelt schließlich in der **Vision von einer neuen Zeit**, in der die Tradition vergangener Jahrhunderte wie die Erde hinter sich gelassen wird.

Interessant ist das Menschenbild, das sich in den Metaphern des Höhenfluges offenbart. Das Loslösen von der Erde und die Überwindung der Schwerkraft scheinen ein brachialer Akt zu sein, wie die kraftvollen Verbschöpfungen „sich bloßackern", „stampfen" und „sich bäumen" (vgl. V. 2 f.) unterstreichen. Dabei ist die irdische Materie als „Gedärm" (V. 2) negativ konnotiert, auch der Monteur, dem es durch den Propeller die Arme abtrennt, findet kein Mitleid. Mit dem Entschweben von der

Erde scheint sich der Sprecher über die irdischen Verhältnisse und über die „krüppligen Menschen" (V. 11) zu erheben.

Im weiteren Verlauf der Flugreise wird diese **inhumane Sicht** gefestigt und überhöht: „Mensch aus Fleisch – Du bist Stahl geworden!" (V. 14) Die Verwirklichung des ewigen Menschheitstraums, fliegen zu können, geht auf Kosten der Menschlichkeit. Der moderne Ikarus („Sehnsucht, dass wir Flügel hätten", V. 18) ist gestählt; das „Brandgeschwür" (V. 16) der Sonne bringt ihn nicht dazu, zu schmelzen, vielmehr verschmilzt er mit dem Blechkleid des Flugzeugs. In dieser visionären Verwandlung kommt es zu einer bemerkenswerten Verkehrung: Der **Mensch**, das Subjekt, wird **verdinglicht** („Sei Eisen! Sei Höhensteuer! Sei Flug!", V. 31), das **Fortbewegungsmittel**, das Objekt, hingegen **personifiziert** („Hinter dir schreit der Motor. Lass ihn morden.", V. 13). Intensiviert wird dieser Vorgang der Vergegenständlichung dadurch, dass der **Sprecher** in den ersten beiden Strophen von sich nicht als ein Ich, sondern als ein **Du** redet. In der Schlussstrophe meldet sich allerdings das lyrische Ich zu Wort, wenn es mit seinen Gesängen (vgl. V. 26), also seinen Gedichten, den **Ausbruch aus der Enge der Tradition** („Zeit an der ich hänge", V. 24) und den Anbruch einer neuen Epoche („Zeit nach der ich dränge", V. 30) verkündet. Die Flugreise wird so zum visionären Sinnbild des Übermenschen bzw. Überfliegers. Mit Gewalt löst er sich aus den irdischen Fesseln und verkündet hoch oben wie ein Gott mit Blick auf die Welt eine neue Zeit, in der das wie immer geartete Verhältnis von Mensch und Maschine zu neuen Lebens- und Ausdrucksformen findet: „Werde Form, was deine Maschine trug!" (V. 29)

Charakteristisch für die Aufbruchsstimmung expressionistischer Lyrik ist die **Begeisterung für neue Formen der Technik** und des Ausdrucks, aber auch die destruktive Lust und Heftigkeit, mit der das Alte über Bord geworfen und hinter sich gelassen wird. Deutlich zum Ausdruck kommt diese **lustvolle**

Aggressivität in dem folgenden Gedicht, das sich ganz dem Rausch der Geschwindigkeit während einer **Autofahrt** hingibt:

OSKAR KANEHL

Auto (1914)[29]

Wir fressen das Land.
Wie Windswut
fliegt es durch unsern Rachen.
Unsre Köpfe reißen vom Leib.
5 *Uiii uiii*
bellt die Sirene.
Der Motor stöhnt und heult.
Auf hundert zittert der Manometer.
Wie Raubtiere springen wir
10 *auf unschuldige Landschaft.*
Wir beißen die Wälder
im Nacken
und schleudern sie im Maule.
Wir schmeißen die Städte
15 *wie Spielzeug hinter uns.*
Und Schmutz von den Hufen
galoppierender Pferde
spritzt von unsern Rädern die Welt.
Unsre Augen überfliegen den Wagenflug.
20 *Wir werden größenwahnsinnig.*
Zum Lachen ist alles so hässlich klein.
Hinter uns schlagen die Chausseebäume
zusammen.
Hinter uns
25 *fällt die Erde ein.*
Vor uns, vor uns
springt immer neues Land heran,
uiii uiii,
das wir fressen.

V 8: Manometer – Druckmessgerät

Ähnlich wie in der Lyrik Georg Heyms lebt auch dieses Gedicht im hohen Maße von der Bildgestaltung. Allerdings entwickelt sich hier kein Verweisgefüge aufeinanderfolgender Bilder, wie sie den vorbeifahrenden und zwischendurch Halt machenden Ausflugsdampfern unterlegt sind. Stattdessen wird der Leser mit der **Momentaufnahme einer rasanten Autofahrt** konfron-

tiert, die sich aus einem **einzigen Bild** zusammensetzt, nämlich dem eines fressgierigen **Raubtieres** auf Beutezug. Deutlich wird dies durch die Anfangszeile „Wir fressen das Land" und die Schlusszeile „das wir fressen", die zusammen den Bilderrahmen in Form eines Chiasmus vorgeben. Innerhalb dieses Rahmens wird nun der surreale Vergleich zwischen Rennwagen und Raubtier an verschiedenen Aspekten der Fahrt durchgespielt. Das strukturbildende Schlüsselwort ist dabei die den Vergleich herstellende dreimalige Konjunktion „wie". Der Eingangsvers („Wir fressen das Land") macht erst dann Sinn, wenn das Land wie wütender Wind wäre, der durch die Rachen der Fahrer fliegt (vgl. V. 3), die damals im offenen Gefährt ohne schützende Frontscheiben dahinsausten. Und das Springen auf die Landschaft bekommt eine neue Bedeutung, wenn es wie der Sprung eines Raubtieres ist (vgl. V. 9 f.), das seinen Beutezug gnadenlos zu Ende führt: Erst attackiert es die „unschuldige Landschaft" (V. 10), beißt „die Wälder / im Nacken" (V. 11 f.), „schleuder[t] sie im Maule" (V. 13) und „schmeiß[t] die Städte / wie Spielzeug" (V. 14 f.) schließlich hinter sich.

Zur vollständigen Erfassung der Bildgestaltung gehört noch das **lyrische Subjekt**, das in dem Gedicht durch das auffällig häufig gebrauchte Pronomen in der 1. Person Plural in Erscheinung tritt („wir" = sechs Mal, „uns" = fünf Mal, „unsern" = vier Mal). Der Plural könnte auf zwei oder mehrere Fahrgäste hindeuten oder auf mehrere Piloten mit ihren jeweiligen Rennautos. Mit der Mehrzahl, dem **lyrischen Wir**, könnte aber auch die Einheit von Fahrer und Fahrzeug gemeint sein. Zusammen bilden sie das Raubtier, das seinem Jagdinstinkt und seinem Spieltrieb freien Lauf lässt, während der große Kühlergrill wie ein Trichter das Land begierig einsaugt und „die Kilometer frisst", wie das eine auch noch heute geläufige Wendung zum Ausdruck bringt. Die **Verschmelzung von Mensch und mobiler Maschine** ist – wie im vorausgegangenen Gedicht von Hasenclever – ein typisches Sujet des **frühen Expressionismus** in seiner Nähe zum technikbegeisterten italienischen Futurismus. Verwirklicht sich im Flugzeug für den Menschen der Traum vom Fliegen, so verspricht das Zusammenwachsen von Fahrer und Fahrzeug im Automobil eine neue Form des im wahrsten Sinne des Wortes **autonomen Reisens**. Die bis heute fast ungebrochene Faszination des Autos liegt ja gerade darin, dass wir es selbst steuern und die Richtung vorgeben, anstatt einfach nur wie in der Eisenbahn ein tatenloser Insasse zu sein. Dass ein solches selbstbestimmtes Fahren im Geschwindigkeitsrausch zur aggressiven animalischen Raserei ausarten kann, ist dann nicht nur Ausdruck der literarischen Moderne, sondern leider auch noch heute modern.

Aber auch der tatenlose **Reisende im Zug** kann über sich hinauswachsen bis hin zur Ekstase. Dies geschieht aber mehr im Akt des Schauens während der Fahrt und aus den dabei erzeugten Bildern des Unterbewusstseins, wie das folgende Gedicht zeigt:

ERNST STADLER

Fahrt über die Kölner Rheinbrücke bei Nacht (1913)[30]

Der Schnellzug tastet sich und stößt die Dunkelheit entlang.

Kein Stern will vor. Die ganze Welt ist nur ein enger, nachtumschienter Minengang,

Darein zuweilen Förderstellen blauen Lichtes jähe Horizonte reißen: Feuerkreis

Von Kugellampen, Dächern, Schloten, dampfend, strömend … nur sekundenweis …

5 Und wieder alles schwarz. Als führen wir ins Eingeweid der Nacht zur Schicht.

Nun taumeln Lichter her … verirrt, trostlos vereinsamt … mehr … und sammeln sich … und werden dicht.

Gerippe grauer Häuserfronten liegen bloß, im Zwielicht bleichend, tot – etwas muss kommen … o, ich fühl es schwer

Im Hirn. Eine Beklemmung singt im Blut. Dann dröhnt der Boden plötzlich wie ein Meer:

Wir fliegen, aufgehoben, königlich durch nachtentrissene Luft, hoch übern Strom. O Biegung der Millionen Lichter, stumme Wacht,

10 Vor deren blitzender Parade schwer die Wasser abwärts rollen. Endloses Spalier, zum Gruß gestellt bei Nacht!

Wie Fackeln stürmend! Freudiges! Salut von Schiffen über blauer Seel Bestirntes Fest!

Wimmelnd, mit hellen Augen hingedrängt! Bis wo die Stadt mit letzten Häusern ihren Gast entlässt.

Und dann die langen Einsamkeiten. Nackte Ufer. Stille. Nacht. Besinnung. Einkehr. Kommunion. Und Glut und Drang.

Zum Letzten, Segnenden. Zum Zeugungsfest. Zur Wollust. Zum Gebet. Zum Meer. Zum Untergang.

V. 2: Minengang – 1. (Bergbau) ein Gang untertage, Flöz, 2. (Militär) ein unterirdischer Gang mit Sprengladung am Kopfende;
V. 3: Förderstellen – (Bergbau) abgehende Förderschächte zum Transport

Der Titel mit seiner konkreten Ortsangabe erinnert an Heyms Reisegedicht von den Dampfern auf der Havel. Auch in Stadlers lyrischem Text ist dem **Ausgangspunkt aus der Realität**, der „Kölner Rheinbrücke bei Nacht", ein **expressives Bildgefüge** zugeordnet, jedoch ist die Gestaltung der Bilder noch um einiges komplexer. Grundlage dafür sind die **Langzeilen**, die ohne erkennbare strophische Gliederung beinahe den Charakter eines Prosatextes einnehmen. Ein ordnender Blick aber realisiert, dass die Zeilen überlange jambische Verse sind, die eigentlich das normale Maß des Seitenformats sprengen. Erkennt man erst einmal die Zeilenstruktur, so eröffnet sich ein geformter Aufbau von sieben Paarreimen, wobei die Paarreime des Gedichtanfangs und -endes eine Klammer bilden („Minengang" → „Untergang", V. 2, 14). Die insgesamt vierzehn Verse weisen deutliche Parallelen zum englischen Sonett mit drei Quartetten und einem abschließenden Reimpaar auf (aabb/ccdd/eeff/aa).

Anders als bei Heym ist die Bildkomposition nicht von einem äußeren imaginären Betrachterstandpunkt den Bewegungen der Fahrzeuge unterlegt, vielmehr ergeben sich die Bilder aus dem **subjektiven Fahrerlebnis eines lyrischen Ich** (vgl. „wir", V. 5; „ich", V. 7 und „Wir", V. 9). Die an der Eisenbahn in der Nacht schemenhaft vorbeiziehende Außenwelt wird mit **inneren seelischen Vorgängen** des Fahrgastes verbunden. Während der Zug sich ruckartig durch die Dunkelheit tastet (vgl. V. 1), entwickelt sich nach der Art der Darstellungstechnik eines **Bewusstseinsstroms** – ein Begriff der aufkommenden Psychologie zur Jahrhundertwende – die Assoziation eines engen „nachtumschiente[n] Minengang[s]" (V. 2). Die gedankliche Vorstellung eines dunklen Bergmannschachts setzt sich aus den unmittelbaren Eindrücken aufblitzender Lampen und jäh auftauchender Umrisse von Dächern und Schloten (vgl. V. 4) zusammen, eine Aufeinanderfolge von **Impulsen** ohne syntaktische Ordnung (vgl. die von Auslassungszeichen durchsetzten verblosen Aufzählungen in V. 4). Im zweiten Quartett verdichtet sich diese Vorstellung zu einer Fahrt „ins Eingeweid der Nacht" (V. 5), begleitet von Gefühlsregungen der Trostlosigkeit und Einsamkeit. Beklemmende Assoziationen des lyrischen Ich von bloß liegenden Gerippen, „im Zwielicht bleichend" (V. 7), lassen den Gedanken an ein **Totenreich**, eine Unterwelt, aufkommen.

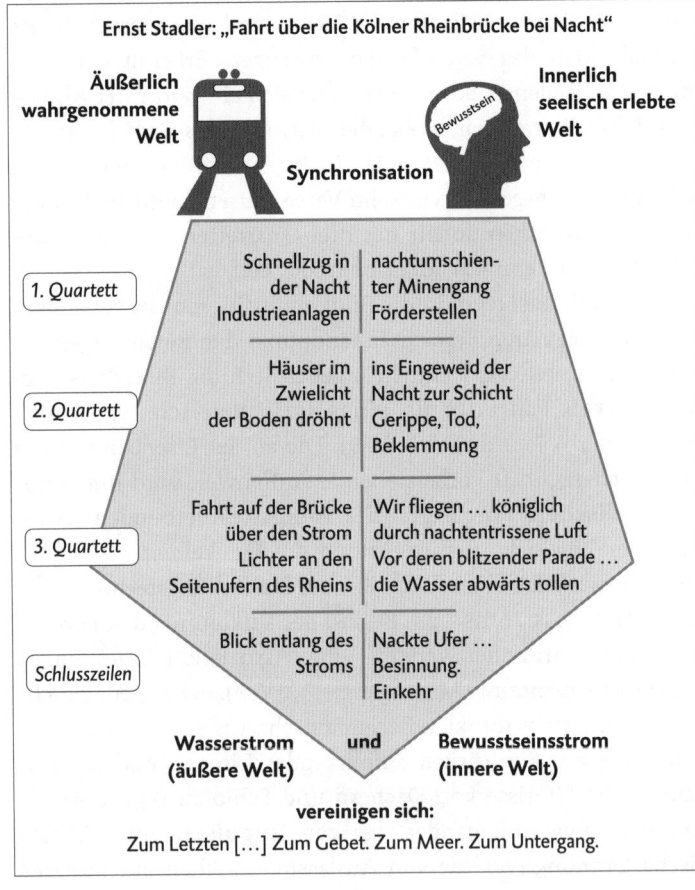

Ernst Stadler: „Fahrt über die Kölner Rheinbrücke bei Nacht"

Äußerlich wahrgenommene Welt

Bewusstsein

Innerlich seelisch erlebte Welt

Synchronisation

	Äußere	Innere
1. Quartett	Schnellzug in der Nacht Industrieanlagen	nachtumschierter Minengang Förderstellen
2. Quartett	Häuser im Zwielicht der Boden dröhnt	ins Eingeweid der Nacht zur Schicht Gerippe, Tod, Beklemmung
3. Quartett	Fahrt auf der Brücke über den Strom Lichter an den Seitenufern des Rheins	Wir fliegen … königlich durch nachtentrissene Luft Vor deren blitzender Parade … die Wasser abwärts rollen
Schlusszeilen	Blick entlang des Stroms	Nackte Ufer … Besinnung. Einkehr

Wasserstrom (äußere Welt) **und** **Bewusstseinsstrom (innere Welt)**

vereinigen sich:
Zum Letzten […] Zum Gebet. Zum Meer. Zum Untergang.

Doch mit der plötzlichen Überfahrt über den Rhein zu Beginn des dritten Quartetts entschwindet das lyrische Ich dem Untergrund des Hades und setzt angesichts „der Millionen Lichter" zu einem Höhenflug an, „königlich durch nachtentrissene Luft, hoch übern Strom" (V. 9). Dieses kontrastiv zur dunklen Tiefe angelegte zentrale **Brückenerlebnis** ist **wie eine Erlösung**; Beklemmungen und trostlose Stimmung haben ein Ende. Der begeisterte Blick (vgl. die Interjektion „O Biegung" und die vielen Ausrufezeichen in der Folge) wendet sich dem gebogenen, erhabenen Stromverlauf zu, der von Lichterketten an den Promenaden eingefasst wird. Diese wecken beim lyrischen Ich Assoziationen an ein endlos glänzendes Spalier bei einer Militärparade. Bemerkenswert ist nun, dass der Blick weiter dem Flusslauf folgt, „[b]is wo die Stadt mit letzten Häusern ihren Gast entlässt" (V. 12), obwohl die Zuggleise über die Brücke quer zum Strom eine andere Richtung nehmen. Empirisch nicht mehr fassbar wechseln die Wahrnehmungen des Fahrgastes das Reiseziel und die Fahrstrecke; der Bewusstseinsstrom des lyrischen Ich verlässt die Eisenbahn und **vereinigt sich mit dem Wasserstrom**, um durch das Lichterspalier flussabwärts dem Meer entgegenzufließen – die Schiffe „über blauer See" (V. 11) grüßen bereits.

Die **emphatischen Schlusszeilen** mit ihren gedrängten Nominalketten ohne prädikative Verbindung, der ungewöhnlichen Interpunktion und der sechsmaligen Anapher „Zum/Zur" machen diesen Richtungswechsel deutlich. Das Ich ist förmlich ‚außer sich' (vgl. griech. *ékstasis* – das Außersichgeraten), es **transzendiert die gegenständliche Welt** des Zugabteils und strebt in einer Art religiöser Hinwendung („Besinnung", „Kommunion", „Zum [...] Segnenden", „Zum Gebet") und erotischer Ekstase („Glut und Drang", „Zum Zeugungsfest. Zur Wollust") der Rheinmündung im Meer zu. Das Ich geht in seiner Vorstellung nicht im Grauen des Eingeweides der Nacht zugrunde (vgl.

2. Quartett), vielmehr löst es sich im vorgestellten Überschwang der Entgrenzung auf und geht im Wasser unter („Zum Meer. Zum Untergang.", V. 14).

Zusammenfassung

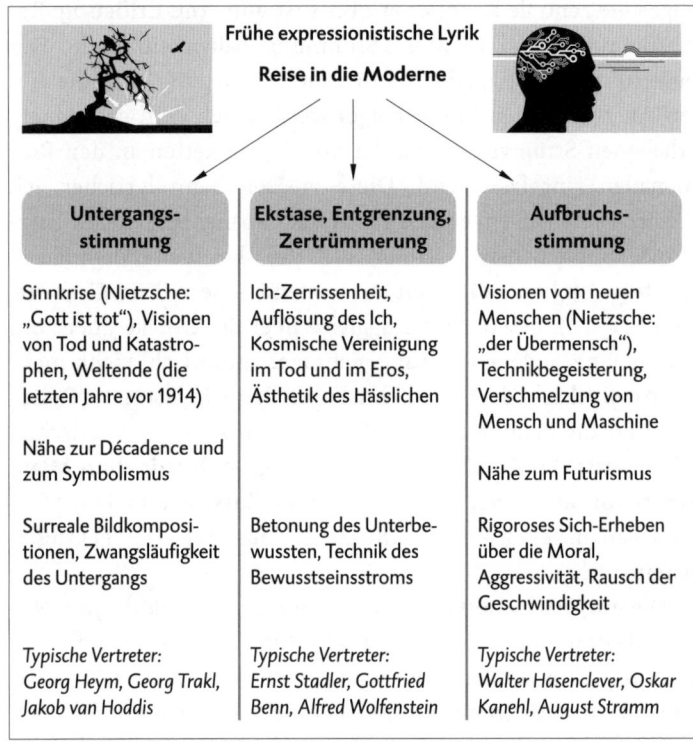

Frühe expressionistische Lyrik		
Reise in die Moderne		
Untergangsstimmung	**Ekstase, Entgrenzung, Zertrümmerung**	**Aufbruchsstimmung**
Sinnkrise (Nietzsche: „Gott ist tot"), Visionen von Tod und Katastrophen, Weltende (die letzten Jahre vor 1914)	Ich-Zerrissenheit, Auflösung des Ich, Kosmische Vereinigung im Tod und im Eros, Ästhetik des Hässlichen	Visionen vom neuen Menschen (Nietzsche: „der Übermensch"), Technikbegeisterung, Verschmelzung von Mensch und Maschine
Nähe zur Décadence und zum Symbolismus		Nähe zum Futurismus
Surreale Bildkompositionen, Zwangsläufigkeit des Untergangs	Betonung des Unterbewussten, Technik des Bewusstseinsstroms	Rigoroses Sich-Erheben über die Moral, Aggressivität, Rausch der Geschwindigkeit
Typische Vertreter: Georg Heym, Georg Trakl, Jakob van Hoddis	*Typische Vertreter: Ernst Stadler, Gottfried Benn, Alfred Wolfenstein*	*Typische Vertreter: Walter Hasenclever, Oskar Kanehl, August Stramm*

Der Expressionismus ist eine **Sammelbewegung** verschiedener Strömungen. Sie bewegen sich zwischen zwei komplementär entgegengesetzten Welthaltungen, die, nicht untypisch für eine Jahrhundertwende, einerseits in einem Gefühl des **Endzeitlichen** und andererseits in einer radikalen **Aufbruchsstimmung** zum Tragen kommen. In der Lyrik ist die erste Strömung durch Visionen des Untergangs und des Verfalls gekennzeichnet; fast scheint es so, als würden die vom Symbolismus beeinflussten Bildkompositionen die Katastrophe des Ersten Weltkriegs vorausahnen. Die andere Strömung ist von einer fast rauschhaften Bejahung allem Neuen gegenüber geprägt, vor allem was technische Innovationen betrifft.

Für die Reisegedichte bedeutet dies, dass nun neben der Eisenbahn auch andere Verkehrstechnologien wie der **Dampfer**, das **Flugzeug** und das **Automobil** in den Blick rücken. Allen hier vorgestellten frühexpressionistischen

Ivan Vasilievich Klyun: Futuristische Lokomotive (1914)

Gedichten ist formal wie inhaltlich ein **Hang zur Entgrenzung** eigen. Georg Heym verwandelt einen Dampferausflug mit seinen Bildverweisen in eine Wallfahrt des Todes, Walter Hasenclever gestaltet die Eroberung des Luftraumes als Vision einer neuen Welt, Oskar Kanehl vergleicht eine Autofahrt mit einer tollwütigen Jagd außer Rand und Band und Ernst Stadler betont die Wegwendung von der gegenständlichen Welt im Akt ekstatischer Hingabe. Überhaupt scheinen alle diese Gedichte in unterschiedlicher Form mit der **Auflösung des lyrischen Ich** zu spielen. Heym bedient sich einer neutralen Perspektive, in der kein Ich mehr erscheint. Die Technikenthusiasten lassen den Menschen mit der Maschine verschmelzen und Stadler löst das Ich in die Facetten eines Bewusstseinsstroms auf.

Übungsaufgabe 5

Gottfried Benn: Untergrundbahn (1913)[31]

Die weichen Schauer. Blütenfrühe. Wie
aus warmen Fellen kommt es aus den Wäldern.
Ein Rot schwärmt auf. Das große Blut steigt an.

Durch all den Frühling kommt die fremde Frau.
5 Der Strumpf am Spann ist da. Doch, wo er endet,
ist weit von mir. Ich schluchze auf der Schwelle:
laues Geblühe, fremde Feuchtigkeiten.

Oh, wie ihr Mund die laue Luft verprasst!
Du Rosenhirn, Meer-Blut, du Götter-Zwielicht,
10 du Erdenbeet, wie strömen deine Hüften
so kühl den Gang hervor, in dem du gehst!

Dunkel: nun lebt es unter ihren Kleidern:
nur weißes Tier, gelöst und stummer Duft.

Ein armer Hirnhund, schwer mit Gott behangen.
15 Ich bin der Stirn so satt. Oh, ein Gerüste
von Blütenkolben löste sanft sie ab
und schwölle mit und schauerte und triefte.

So losgelöst. So müde. Ich will wandern.
Blutlos die Wege. Lieder aus den Gärten.
20 Schatten und Sintflut. Fernes Glück: ein Sterben
hin in des Meers erlösend tiefes Blau.

Aufgabe

Welchen der drei Strömungen frühexpressionistischer Lyrik
(siehe Kasten, S. 98) würden Sie das Gedicht von Benn tenden-
ziell zuordnen? Begründen Sie Ihre Wahl in einer kurzen Ge-
dichtanalyse.

6 Reisen nach Überall und Nirgendwo

Nachkriegsdeutschland und Gegenwart (1945–2020)

Karin Kiwus: Freie Fahrt (1976)

Sind wir nicht selbstverständlich
sicher gestartet auf jeder Bahn
haben wir nicht ohne Panne
die Maschinen gelenkt und blind
jeden beliebigen Punkt der Erde erreicht
im Verkehrsnetz unserer Gesellschaft?

Auszug aus: Karin Kiwus, Von beiden Seiten der Gegenwart.
Frankfurt (Suhrkamp) 1976, S. 24 f.

Nach den zwei Weltkriegen knüpft die deutsche Literatur nur zögerlich an die literarische Moderne zu Beginn des Jahrhunderts an. Die ungeheure menschenverachtende Gewalt, die von dem totalitären Regime des deutschen Nationalsozialismus ausging und den Zweiten Weltkrieg entfacht hatte, und der unfassbare Völkermord an den Juden ließen in der unmittelbaren Nachkriegszeit keine Gedanken an das Schreiben von Gedichten aufkommen. Prägnant für diese Zeit ist der viel zitierte Satz des Philosophen Theodor W. Adorno, den er in seiner Kulturkritik 1951 veröffentlichte: „Nach Auschwitz ein Gedicht zu schreiben, ist barbarisch."

Nur allmählich lösten sich die Schriftsteller von diesem Verdikt, manche von ihnen suchten Zuflucht in einer weitgehend geschichtslosen Naturlyrik. Das Thema Reisen bot sich angesichts des Elends der ausgebombten Städte und der Notwendigkeit ihres Wiederaufbaus ohnehin nicht an. Dennoch finden sich in den Anfängen der 1950er-Jahre von den Altmeistern Gottfried Benn und Bertolt Brecht zwei Gedichte, die mit ihren Motiven der Ferne und des Unterwegsseins der Reiselyrik zuzuordnen sind. Beide publizierten bereits in der expressionistischen Periode und überbrückten das „Dritte Reich" Adolf Hitlers auf sehr gegensätzliche Art und Weise, einmal in der inneren Emigration (Benn), zum anderen im Exil (Brecht).

GOTTFRIED BENN

Reisen (1950)[32]

Meinen Sie Zürich zum Beispiel
sei eine tiefere Stadt,
wo man Wunder und Weihen
immer als Inhalt hat?

5 *Meinen Sie, aus Habana,*
weiß und hibiskusrot,
bräche ein ewiges Manna
für Ihre Wüstennot?

Bahnhofstraßen und Ruen,
10 *Boulevards, Lidos, Laan –*
selbst auf den Fifth Avenuen
fällt Sie die Leere an -

Ach, vergeblich das Fahren!
Spät erst erfahren Sie sich:
15 *bleiben und stille bewahren*
das sich umgrenzende Ich.

V. 5: Habana – steht für Havanna, die Hauptstadt Kubas; V. 7: Manna – in der Bibel als Himmelsbrot bezeichnete Speise, die den Israeliten bei ihrer Wanderung durch die Wüste als Nahrung diente; V. 9: Ruen – Plural von franz. Rue = Straße; V. 10: Lido – ital. für Badestrand; Laan – niederländ. für Allee

Das vierstrophige, in Kreuzreimen verfasste Gedicht von Gottfried Benn überrascht auf den ersten Blick mit einem beinahe alltäglichen **Gespräch über das Reisen** (vgl. Titel) zwischen zwei Menschen, die sich nicht sonderlich nahezustehen scheinen (vgl. die gesiezte Anrede). Das **Fernweh** werde **überschätzt**, so könnte man den Inhalt im Kern skizzieren. Beliebten und exotischen Reisezielen – heute würde uns vielleicht anstatt Zürich eher Paris und anstatt Kuba zum Beispiel Singapur als Erstes in den Sinn kommen – wird ernüchternd ihr Glanz genommen.

Dabei fällt bei genauerer Analyse auf, dass in dem Dialog nur der **lyrische Sprecher** zu Wort kommt. Seine beiden Fragen in den ersten beiden Strophen sind rhetorisch gestellt, er wartet die Antwort seines Gegenübers gar nicht erst ab, sondern zieht selbst in den beiden Folgestrophen seine Schlussfolgerungen. Die Art der Fragestellung verrät dabei schon die Haltung des lyrischen Sprechers zum Reisen und zu den Reisezielen. In **ironischer Übertreibung** und im **Konjunktiv** dichtet er der Schweizer Bankmetropole Zürich völlig unpassend einen mystischen, sakralen Zauber an – vgl. die Alliteration „Wunder und Weihen" (V. 3) – und hinterfragt in der gleichen Tonlage, ob die Hauptstadt Kubas die heilsversprechende Kraft hat, „ein ewiges Manna" (V. 7) auszuteilen.

Doch die weit hergeholten Bezüge zur Transzendenz und zum Alten Testament sind nicht nur Übertreibungen, um die vermutete Fernreiselust des Gesprächspartners lächerlich zu machen. Das Bild vom Exodus der Israeliten durch die Wüste dient auch dazu, auf die „**Wüstennot**" (V. 8) der Menschen der Gegenwart aufmerksam zu machen. Die Wüste lässt sich als Metapher für knappe Ressourcen, Mangel an Nahrung und Wasser etwa, aber auch für eine grundsätzlich ungestaltete **Leere** verstehen. Das Reisen wäre dann der Versuch, die Wüste des Alltags mit beliebten und belebten Oasen der Welt zu füllen, mit französischen Boulevards, italienischen Lidos oder der Fifth Avenue in Manhattan beispielsweise (vgl. 3. Strophe). Was aber ist, wenn es gar nicht um eine äußere, sondern um eine **innere Leere** geht, die einen auch an den attraktivsten Sehenswürdigkeiten der Erde anfallen könnte (vgl. V. 12)?

Diese Konfrontation mit der Leere in der Ferne ist wie eine Heimsuchung von dem, was man auf Reisen von zu Hause mitbringt, eine Heimsuchung der inneren Leere, die bohrende **Frage nach der Sinnhaftigkeit der eigenen Existenz**. Wo immer ich mich aufhalte, wohin ich auch reise, ich nehme mich selbst immer mit. Auf den schönsten Straßen des Auslands bleibt die Welt leer, wenn das Inland, meine Seele, arm und leer ist. Das ist die Quintessenz der letzten Strophe: Anstatt sich über das Reisen in der Welt zu verströmen, gilt es in der Abgrenzung zum Außen das zu **bewahren, was die eigene Identität ausmacht**. Eine solche Botschaft erhält natürlich noch eine tiefere Bedeutung vor dem zeitgeschichtlichen Hintergrund. Ende der 1940er-Jahre galt es, die Trümmerwüsten der eigenen Vergangenheit aufzuräumen; für Reisen zu den berühmtesten Straßen der Welt war allenfalls gedanklich Platz. Die Vergeblichkeit des Reisens zu betonen, konnte da ein Trost sein, zumal in Westberlin, wo Benn, eingezäunt von der sowjetischen Besatzungszone, lebte. Der biografische Zusammenhang lässt sich aber auch auf Benns Vergangenheit ausweiten. Die Maxime, zu bleiben und das sich **umgrenzende Ich zu bewahren**, könnte sich auf seine **innere Emigration** beziehen, mit der er sich gegen die Nationalsozialisten abschottete. Zunächst nach Hitlers Machtübernahme zum Vizepräsidenten der Sektion für Dichtkunst aufgestiegen, erlitt er in der Folgezeit eine Vielzahl von Anfeindungen und erhielt ab 1938 Schreibverbot, wurde also mundtot gemacht, blieb aber in Deutschland (vgl. „stille bewahren", V. 15).

Auch in Berlin, allerdings im Osten der Stadt auf der anderen Seite des geteilten Deutschlands, lebte seit 1948 Benns Antipode, **Bertolt Brecht**. Er hatte dem nationalsozialistischen Deutschen Reich bereits 1933 den Rücken gekehrt, hielt sich im **Exil** zunächst längere Zeit in Dänemark auf und reiste dann über

Schweden und Finnland schließlich nach Amerika, um sich nach dem Krieg in Ostberlin, ab 1949 Hauptstadt der DDR, niederzulassen. Etwas von den Erfahrungen aus diesem **unsteten Migrantenleben** mag in das folgende Gedicht eingeflossen sein:

BERTOLT BRECHT
Der Radwechsel (1953)[33]

Ich sitze am Straßenhang.
Der Fahrer wechselt das Rad.
Ich bin nicht gern, wo ich herkomme.
Ich bin nicht gern, wo ich hinfahre.
5 *Warum sehe ich den Radwechsel*
Mit Ungeduld?

Die Situation ist klar umrissen: eine **Reifenpanne unterwegs**, vielleicht irgendwo zwischen Ostberlin und Buckow, wo Brecht wohnte, als er das Gedicht schrieb, vielleicht auch früher, z. B. in seinem Exil in Kalifornien. Aber das bleibt Spekulation, nähere Umstände teilt uns das Gedicht nicht mit. Wir erfahren lediglich, dass das lyrische Ich an der Straßenböschung sitzt und auf den Radwechsel mit „Ungeduld" (V. 6) schaut. Es ist nur dieser sinnbildlich verknappte Ausschnitt, den die sechs Verszeilen in den Fokus rücken, dieser Augenblick einer unfreiwilligen Pause während einer Reise, ein kurzer **Stillstand im Dahinfließen der Zeit**, der dem lyrischen Sprecher ein Innewerden seiner Situation aufnötigt. Es ist eine Denkpause, die ihn den eigenen Lebensweg Revue passieren und zu dem deprimierenden Schluss kommen lässt, dass er sich nirgendwo wohlfühlt, weder an den Orten der Vergangenheit noch an denen der Zukunft.

Sicherlich kann man dieses epigrammatische Gedicht in einem sehr allgemeinen Sinn als ein Bild für den **unbehausten Menschen der Moderne** verstehen, ergiebiger aber ist es, den Text biografisch auf den Autor und konkret auf das **Schicksal des Exilanten** zu beziehen. Seine Reisen sind kein freiwilliges

Einwandern in Länder, die man sich erträumt. Und die Ausreise geschieht aus der Not heraus, sei es, dass für den Sozialisten Brecht das Herkunftsland unter Hitler untragbar geworden war, sei es, dass die Faschisten auch in Dänemark und später in Finnland eine weitere Flucht erzwangen. Das Rad des Fahrzeugs bekommt in diesem Zusammenhang eine tiefere Bedeutung. Es steht seit alters für das **Glücksrad**, welches das Auf und Ab des Lebens symbolisiert. Der Wechsel des Rads ist dann der Moment des Umschwungs in der Befindlichkeit eines Menschen und gibt möglicherweise den Ort vor, wohin ihn das Schicksal als Nächstes verschlägt. Das Aufziehen eines neuen Reifens kann aber auch in dem Sinne verstanden werden, dass eine weitere Etappe des Lebens mit einer **neuen Profilierung** beginnt: Aus dem ungeliebten amerikanischen Exil zurückgekehrt wollte Brecht zum Wiederaufbau eines sozialistischen Deutschlands beitragen, womöglich ein (Lebens-)Ziel, das er mit „Ungeduld" (V. 6) verfolgte. Zugleich spürte er jedoch, dass auch dieser neu formierte Staat der Deutschen Demokratischen Republik ihn enttäuschen würde. Brecht schrieb das Gedicht *Der Radwechsel* wenige Monate nach dem **Volksaufstand vom 17. Juni 1953**, mit dem die Arbeiter politische und wirtschaftliche Verbesserungen in der DDR einforderten und der von der Sowjetarmee blutig niedergeschlagen wurde.

Spätestens mit dem Bau der Berliner Mauer wurde das **geteilte Deutschland** mit zwei konträren politischen Systemen, die den Ost-West-Konflikt in Europa widerspiegelten, zum festen Bestand der Nachkriegszeit. Für die Ostdeutschen war damit die **Reisefreiheit** vollkommen **eingeschränkt**. Während immer mehr Bürger der Bundesrepublik Deutschland mit dem wachsenden Wohlstand des Wirtschaftswunders auch jenseits der Landesgrenzen Urlaub machten und sich den alten Sehnsuchtstraum nach südlichen Gefilden wie Italien zu erfüllen begannen, mussten die Bürger der DDR mit der Ostsee, der Sächsischen Schweiz und mit wenigen Nachbarländern des Ostblocks Vorlieb nehmen. Dennoch war die Reisefreude ungebrochen und der von der DDR-Führung organisierte und subventionierte inländische Massentourismus boomte, wie es der ostdeutsche Lyriker Wulf Kirsten in einem fast schon satirisch überzeichneten Gedicht darstellt:

WULF KIRSTEN

Ausflug (1969)[34]

Asphaltchausseen
pfeilschnell überrollt.
die welt ein flüchtiges grün.
aus allen kronen ruft es lautlos
5 sommer.

Tiroler Hut mit Federn

in ruhe und schatten
schnarchen die schläfer.

schreit wer: ein lied
dem deutschen laub- und nadelwald!
10 ausgestreut sind häherfedern, blaugetupft.
es zetern die tiroler hüte
weghin zum nächsten waldlokal:
wer hat dich …

der abgetretene berg
15 zieht seinen hut.
im unsichtbaren liegt die weite welt,
nur wer ein fernrohr bei sich trägt,
sieht böhmische dörfer
wie gestochen liegen.

V. 1: Chausseen – (franz.) ausgebaute Landstraßen; V. 13: wer hat dich … – gemeint ist wahrscheinlich der Anfang des beliebten Wanderliedes „Der Jäger Abschied" (1810) von Eichendorff, vgl. die 1. Strophe: „Wer hat dich, du schöner Wald, / aufgebaut so hoch da droben? / Wohl den Meister will ich loben, / solang noch mein' Stimm erschallt. / Lebe wohl, / lebe wohl, du schöner Wald!"; V. 18: böhmische dörfer – Böhmen gehört zur Tschechoslowakei bzw. zum heutigen Tschechien und grenzt an die Sächsische Schweiz, wo Wulf Kirsten geboren wurde; zugleich steht die Redewendung „Das sind für mich böhmische Dörfer" für Unbekanntes, Unverständliches.

Das dreistrophige Gedicht, das die für orthografische Vorgaben der DDR nicht unübliche Kleinschreibung bevorzugt, hat das **Ausflugsverhalten moderner Touristen** zum Thema. „[P]feilschnell" (V. 2) wird der gewünschte Zielort der Reise mit dem Fahrzeug anvisiert. Angesichts der Geschwindigkeit schwindet der zwischen asphaltierten Straßen gelegene Zwischenraum zu einem konturlosen Grünstreifen („die welt ein flüchtiges grün", V. 3). Die Landschaft, die sich dahinter versteckt, erfährt unterwegs kaum Beachtung, sie bleibt stumm („lautlos", V. 4) und wird im wahrsten Sinne des Wortes ‚in Ruhe gelassen' („in ruhe und schatten / schnarchen die schläfer", V. 6 f.). Aber auch eine andere Deutung ist möglich: Vielleicht liegt das **Land** noch im friedlichen **Dämmerschlaf**, bevor die Touristen einfallen. Letztere finden als handelnde Subjekte allerdings gar keine Erwähnung. Offensichtlich stehen die Reisenden mit ihren Eindrücken und Gefühlen gar nicht im Blickpunkt des Gedichts, viel eher schon wird ihr Verhalten thematisiert, das sie zu Touristen macht.

Diese These findet in der zweiten Strophe ihre Bestätigung. Offensichtlich ist das Reiseziel erreicht. Denn von irgendjemandem (man weiß nicht, „wer", V. 8) wird die Aufforderung laut, ein Lied durch den „deutschen laub- und nadelwald" (V. 9) schallen zu lassen. Aber nicht das Bild singender Wanderer folgt in den anschließenden Zeilen, stattdessen „zetern die tiroler hüte […] zum nächsten waldlokal" (V. 11 f.). Der Wanderausflug gerät so zur lärmenden Attitüde. Nicht um das tatsächliche Wandern in der Natur des Waldes und um das stille Eintauchen in seinen Zauber geht es, sondern um den Anschein, der durch die **folkloristische Ausstattung** (Wanderhut) und das entsprechende **zünftige Ambiente** (Wanderlied, Wanderlokal) unterstrichen wird. Das deutsche **Liedgut** aus der Romantik ist dann nur ein Mittel zum Zweck, es wird zum **Klischee** und der besungene Wald zur Nebensache. Das „Lebe wohl" in Eichendorffs Gedicht bekommt dadurch eine neue Bedeutung: Nicht der Jäger verabschiedet sich vom Wald, sondern dieser wird von den Touristen endgültig verabschiedet. Der „schön[e] Wald, aufgebaut so hoch da droben" (vgl. *Der Jäger Abschied*, 1. Strophe) ist durch den **Massenansturm** der Touristen nur noch ein „abgetretene[r] berg" (V. 14). Auch dieses Bild ist doppeldeutig, bekräftigt doch die Folgezeile eine weitere Lesart: Der **Berg** tritt ab, d. h. er **verabschiedet sich** und „zieht seinen hut" (V. 15). Das Gedicht entlarvt auf diese Weise das Ausflugsverhalten der in Scharen einfallenden Touristen und kritisiert die Paradoxie des modernen Tourismus, der gerade das zerstört und zum Verschwinden bringt, was die Touristen anzieht und anlockt.

Es gehört zur ambivalenten Gestaltung dieses Gedichts, dass auch diese **Kritik am Tourismus** mehrdeutig zu verstehen ist. Einen Anhaltspunkt gibt der geographische Hinweis in der vorletzten Zeile. Die im Gedicht angedeutete Situation legt es nahe, dass die Touristen auf den Höhen des Elbsandsteingebirges über die Grenze zur damaligen Tschechoslowakei mit dem Fernrohr (vgl. V. 17) auf weiter entfernt gelegene böhmische Dörfer schauen. Zugleich aber weist die Redensart „Das sind für mich böhmische Dörfer" darauf hin, dass etwas ganz und gar unbekannt ist und nicht der eigenen Erfahrung entspricht. Auf das Gedicht bezogen könnte sich hinter dieser Metaphorik die indirekte Kritik verstecken, dass für die **DDR-Bürger** aufgrund der stark **eingeschränkten Reisefreiheit** die weite Welt unzugänglich bleibt und jenseits der bewachten Grenze „im unsichtbaren liegt" (V. 16). In dieser Lesart wird satirisch ein ungestilltes Reisebedürfnis angeprangert, das sein Verlangen nach alpiner Romantik notgedrungen auf dem begrenzten inländischen Raum der Sächsischen Schweiz mit entsprechenden Requisiten wie dem Tiroler Wanderhut und dem gesamtdeutschen Liedgut ausleben muss.

In der **Bundesrepublik** Deutschland treibt dagegen das Fernweh nach Freiheit ganz andere Blüten. Die neuen Großraumflugzeuge Ende der 1960er-Jahre machen den **Pauschalurlaub** an Spaniens Küsten, auf Mallorca oder den Kanaren erschwinglich, die **Reise in die Exotik** entpuppt sich mit abgeschlossener Buchung als fest kalkuliertes Warenpaket, in dem alles inbegriffen ist. Die Erholung von der industriellen Arbeitswelt wird selbst zu einem **Massenprodukt der Tourismusindustrie**, wie der Schriftsteller Hans Magnus Enzensberger in seiner Theorie des Tourismus schon früh erkannte.[35] Auch die Lyrik macht im Zuge der 68er-Studentenbewegung vor solchen gesellschaftlichen Widersprüchen nicht halt; indem sie vermehrt auf poetische Formen verzichtet, wendet sie sich der alltäglichen Realität zu und nimmt dabei unter anderem auch das Reiseverhalten der Westdeutschen aufs Korn:

RALF THENIOR
Gran Canaria (1977)[36]

Nein ganz herrlich ganz
wunderbar also jeden Tag
Sonne und baden natürlich
auch jeden Tag schon also
5 *fast jeden Tag und ganz*
sauber alles die Leute sind
ja so arm da sie machen
sich keinen Begriff in dem
Dorf gibts kein fließend
10 *Wasser keine Elektrizität*
nichts und die Frauen waschen
noch am Bach aufm Stein aber
sehr sauber alles und zehn
Kilometer weiter fangen die
15 *Bungalows und die Hotel-*
Hochhäuser an aber wenn sie

fahren auf jeden Fall drei
Wochen zwei Wochen lohnt sich
nicht eine Woche braucht man
20 *um sich einzugewöhnen die*
erste Woche da wollten wir
am liebsten wieder nach Haus

Wäre der Text nicht in Verszeilen aufgeteilt, würde man ihn nicht für ein Gedicht, sondern für Prosa halten. In seiner **alltagssprachlichen Prägung** repräsentiert er eine Lyrikproduktion der 1970er-Jahre, die bewusst die poetische Formung auf ein Minimum reduziert und auf artifizielle Formulierungen verzichtet. Die unvollständigen, umgangssprachlichen Phrasen könnten Ausschnitte aus einem **authentischen Gespräch** zwischen Nachbarn

über die letzten Urlaubserlebnisse sein. Allerdings sind nur die Redeanteile des lyrischen Sprechers enthalten, die Ansichten des Gesprächspartners bleiben ausgeblendet. Eine solche monologische Form der Darstellung erinnert an Benns Gedicht *Reisen*, jedoch fehlen in Theniors Text die typisch poetischen Merkmale wie Metrum, Reim, Alliterationen und Vergleiche.

Dieser sogenannte **Neue Realismus**, wie man die literarische Ausrichtung der 1970er-Jahre auch nennt, zielt auf eine möglichst **direkte Erfahrung der Wirklichkeit**. Anders als beim Naturalismus geht der Anspruch über die gegenständliche Darstellung hinaus und setzt bei der sprachlichen Vermittlung selbst an. Der Autor Thenior lauscht dem sprachlichen Alltag der Zeit seine Phrasen ab und montiert die **Floskeln** und **abgedroschenen Redewendungen**, die jede Postkarte bzw. heutzutage jede WhatsApp-Nachricht füllen könnten, zu einem Gedicht. Auf diese Weise enthüllt er das **Urlaubsverständnis eines Pauschaltouristen**, der sich ,für die schönste Zeit des Jahres' irgendwohin auf eine wohltemperierte Insel im Mittelmeer oder an der Küste Afrikas fliegen lässt. Ein persönliches Reiseerlebnis in dem Sinne, dass ein lyrisches Ich ein Land, eine Kultur buchstäblich ,erfährt', kommt in diesen bruchstückhaft aneinandergereihten Aussagen nicht zum Ausdruck. Vielmehr zeugen die unpersönlichen Phrasen (vgl. die Personalpronomen „man" und „sie") von der Erwartung, „jeden Tag" (V. 2, 4, 5) in der Sonne zu liegen und zu baden. Die dreimalige Wiederholung könnte die Monotonie einer solchen Urlaubsgestaltung andeuten, würde sie nicht von Vorneherein mit positiven Verabsolutierungen (vgl. V. 1 f., „ganz herrlich ganz / wunderbar") überdeckt. Wohl wird eingeräumt, dass der Kontrast zum betriebsamen Alltag zu Hause eine Eingewöhnungszeit mit sich bringe (vgl. V. 19–22). Die von Gottfried Benn heraufbeschworene existenzielle Leere scheint den Gran-Canaria-Touristen jedoch nicht anzufallen. Eher schon dient die temporäre Entspannung im abgetrennten Areal der „Bungalows und [...] Hotel-/ Hochhäuser" (V. 15 f.) dazu, sich in seiner Existenz als **Angehöriger einer reichen Industrienation**, die über modernen technischen Standard verfügt, **aufzuwerten** und auf die armen Eingeborenen des Entwicklungslands ohne Strom und fließend Wasser mitleidig herabzuschauen (vgl. V. 6–12). Anstatt sich auf die Andersartigkeit einer fremden Kultur einzulassen und sie für den persönlichen Horizont als Bereicherung zu empfinden, wird die Reise in die Fremde nur auf die **gewohnten Maßstäbe** von „Haus" aus (vgl. das letzte Wort, V. 22) bezogen und danach beurteilt: „[D]ie Leute sind / ja so arm da" (V. 6 f.), „aber / sehr sauber alles" (V. 12 f.).

Entgegen einem früheren Verständnis vom Reisen hat der moderne Massentourismus scheinbar weniger das Entdecken anderer Welten als vielmehr die **Entspannung** des Urlaubers und die **Bestätigung seines privilegierten Status** zum Ziel. Auch scheint die Qualität des Unterwegsseins dem Bedürfnis untergeordnet zu werden, so schnell wie möglich die Zwischenräume zu überbrücken, um am Urlaubsort anzukommen. Besonders den letzten Aspekt hebt der folgende lyrische Text von Sarah Kirsch hervor. Die Autorin begann mit dem Schreiben von Gedichten in der DDR, siedelte aber nach ihrem Ausschluss aus dem sozialistischen Schriftstellerverband 1977 in die BRD über.

SARAH KIRSCH
Fluchtpunkt (1982)[37]

Heine ging zu Fuß durchs Gebirge
Er vertrödelte sich in Häusern, auf Plätzen
Und brauchte zwei Wochen für eine Strecke
Die wir in einem Tag durchgefahrn wären
5 Unsere Reisen führen von einem Land
Gleich in das nächste von Einzelheiten
Können wir uns nicht aufhalten lassen
Uns zwingen die eignen Maschinen
Ohne Verweilen weiterzurasen Expeditionen
10 Ins Innre der Menschen sind uns versagt
Die Schutthalden Irrgärten schönen Gefilde
Bleiben unerforscht und verborgen
Die Kellner brauchen unsere Zeitung nicht
Ihre Nachrichten sind aus dem Fernsehn
15 Es gibt verschiedene Autos eine Art Menschen
Alles ist austauschbar wo wir auch sind.

V. 1: Heine – der Schriftsteller Heinrich Heine (1797–1856) wanderte als Student mehrere Wochen durch den Harz, seine Eindrücke beschrieb er in dem Reisebericht „Die Harzreise"

In schlichten Aussagesätzen **kontrastieren** diese Verse das **moderne temporeiche Reisen** mit einer **gemächlicheren Form** des Unterwegsseins aus dem vorherigen Jahrhundert. Als Ausgangspunkt wird der Leser mit einer Wanderung durch den Harz in frühere Zeiten versetzt (vgl. Präteritum, V. 1–3). Geruhsam und beschaulich folgt er Heinrich Heine bei seinem Gang durch das Gebirge mit Aufenthalten in Gasthäusern und an Dorfplätzen. Die langsame Fortbewegung wird noch durch die gedehnten U-Vokale der zusätzlich angegebenen Gangart („zu Fuß", V. 1) betont, Zeit und Ziel scheinen nur eine untergeordnete Rolle zu spielen, wie dies das abwertende Verb „vertrödeln" (vgl. V. 2) anzeigt. Im Vergleich mit der heutigen Zeit wird die gleiche Strecke, für die der Schriftsteller damals zwei Wochen benötigte, „in einem Tag durchgefahrn" (V. 4) – so die verknappte Feststellung (vgl. die Auslassung des e-Lautes im Verb) des lyrischen Sprechers, die, wie um das Tempo zu verdeutlichen, mit einer Verszeile auskommt.

Was der Leser aufgrund des wesentlich schnelleren Vorankommens zunächst als Fortschritt begreifen könnte, wird ihm in den nachfolgenden Verszeilen jedoch in einem wesentlich kritischeren Licht vermittelt. Der lyrische Sprecher beschreibt im Tempus des **Präsens** das **moderne Reisen als hektisch, bezuglos und zwanghaft**. Zwar ermöglichen uns die modernen Fortbewegungsmittel wie Autos, Eisenbahnen und Flugzeuge, immer weiter entfernte Orte in Windeseile zu erreichen, jedoch drohen die **Ziele beliebig** zu werden und die Einsichten in die kulturellen und natürlichen Besonderheiten der Landschaften unterwegs verloren zu gehen: Die Maschinen zwingen uns, „[o]hne Verweilen weiterzurasen" (V. 9). Der moderne Tourist ist, überspitzt formuliert, überall und nirgendwo, die grenzenlosen Reisemöglichkeiten verhindern eine intensive Auseinandersetzung mit einem Ort und seinen Menschen, der Reisende ist im Grunde immer schon im Verschwinden begriffen. Diese

Hast ohne Rast zeigt Sarah Kirsch auch in der veränderten syntaktischen Gestaltung ihres Textes auf. Im Gegensatz zum Gedichtanfang werden die Satzaussagen nicht mehr innerhalb der Verse abgeschlossen, gegebenenfalls durch Komma getrennt (vgl. V. 2). Vielmehr drängelt sich nun unaufhaltsam und **ohne Interpunktion** der nächste Gedanke hinein, um dann unvermittelt in die nächste Zeile zu springen (vgl. z. B. die aufgebrochenen Satzstrukturen und Enjambements in V. 6 und V. 9). Das sprunghafte Umherreisen „von einem Land / Gleich in das nächste" (V. 5 f.) wird auf diese Weise auch durch den **atemlosen, zerfahrenen Leserhythmus** hörbar.

Vor diesem Hintergrund erhält der Titel des Gedichts eine schillernde Bedeutung. In der Malerei täuscht der „**Fluchtpunkt**" eine Raumtiefe vor, er vermittelt dem flächigen Bild eine Perspektive, weil sich in ihm die Geraden, die in der Realität parallel verlaufen, schneiden. Der Fluchtpunkt ist also eine **Illusion**, er existiert eigentlich nirgendwo. Wenn wir in der Weite der Welt unterwegs sind, nehmen wir den Fluchtpunkt als Horizont wahr, den wir nie erreichen. In einem erweiterten Sinn kommt hier das traditionelle Motiv der unstillbaren Sehnsucht zum Tragen; es ist dies der Kreislauf, als Reisender auf eine unausgefüllte Leere (vgl. das Gedicht *Reisen* von Benn) zu stoßen, die zur Weiterreise antreibt. Zugleich ist im Begriff des Fluchtpunktes das **Fliehen** enthalten. Es verweist zum einen auf das ungeheure **Tempo**, mit dem wir über Land oder in der Luft dahineilen, ohne die Umgebung („Die Schutthalden Irrgärten schönen Gefilde", V. 11) wirklich wahrnehmen zu können. Zum anderen mag im Fliehen der Wunsch oder der Versuch angedeutet sein, einem ungewünschten Ort, einer tristen Situation zu **entkommen**. Das könnte der **Urlaub als Flucht aus dem Alltag** sein. Auf die Erfahrungen der Schriftstellerin Kirsch bezogen könnte die Flucht aber auch in einem existenzielleren Sinn gemeint sein. Es entbehrt nicht einer gewissen Ironie, dass zum

Zeitpunkt, als das Gedicht veröffentlicht wurde, eine Wanderung quer durch den Harz, wie sie Heine früher unternahm, gar nicht möglich war. Bis zur Wiedervereinigung verlief mitten durch diese Region ein bewachter Grenzzaun, der die DDR-Bürger bei Gefahr ihres Lebens davon abhielt, in den Westen zu flüchten.

Als die **Mauer**, die die beiden deutschen Staaten teilte, schließlich **fällt**, kürt die Gesellschaft für deutsche Sprache das Wort „Reisefreiheit" zum Wort des Jahres 1989.  Für viele wird ein Traum wahr, sich frei überall bewegen zu können und fremde Orte nach eigener Wahl zu erkunden. Die Weltreise, ein Wort, das man in der DDR-Ausgabe des Dudens vergeblich suchte, wird nun auch für die Ostdeutschen eine reale Option. Zugleich hält dieser Traum im Zuge der Globalisierung und der sich ausweitenden Tourismusindustrie auch Enttäuschungen parat. Gerade in der westlichen Welt **ebnen** die wachsenden Grenzüberschreitungen durch den Fernverkehr und durch das Internet als Folge der Digitalisierung die lokalen **kulturellen Besonderheiten ein**, überall wird alles verfügbar und überall finden sich ähnliche Ferienparks, Hotelareale und Fastfood-Ketten. Oder um es in Sara Kirschs Resümee zu fassen: „Alles ist austauschbar wo wir auch sind." (V. 16)

Angesichts einer solchen **Monokultur und Gleichförmigkeit** droht der Weltenbürger zum Passagier, zum Durchreisenden zu werden, der einen Teil seines Lebens auf nicht enden wollenden Rolltreppen unter Monitoren in Subways und immer gleichen Transithallen verbringt. Eine solche **Durchgangswelt**

des Ankommens und Abfliegens hat Hans Magnus Enzensberger zum Thema des folgenden Gedichts gemacht.

HANS MAGNUS ENZENSBERGER
Terminal B, Abflughalle (1999)[38]

Gleich hinter der Sicherheitsschleuse
auf dem polierten schwarzen Granit
diese Feder rostbraun, golden, schneeweiß
gezüngelt, gepardelt, geflammt.
5 *Hebe sie auf, sie wiegt wenig,*
fasse sie ruhig ins Auge!
Trappe? Rebhuhn? Fasan?
Kein Flattern, kein Vogelschrei.
Unter dem hohen Glasdach
10 *Nur Monitore und monotone Stimmen.*
„Herr Buffon wird zum Flugsteig gebeten."

Es wird eine Handschwinge sein,
die Fahnen nicht ganz symmetrisch,
etwas Flaumiges an der Spule,
15 *und im trüben Ende des Kiels*
steckt die Seele. Wie das Licht spielt
mit den schillernden Farben,
und wie, wenn du deinen Fund
genauer betrachtest, Haken-, Bogen-
20 *und Federstrahlen sich so fein,*
so unfassbar winzig verästeln,
Dass dir die Tränen kommen!

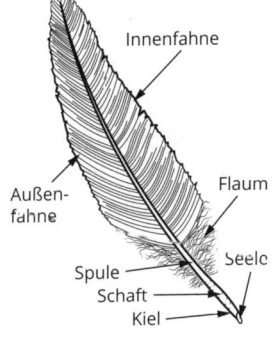

Doch soviel siehst du mit bloßem Auge,
dass sie vollkommener ist,
25 *die verlorene Feder,*
als der hinter dem Isolierglas
auf Position 36 lautlos dröhnende
Jumbojet, den du versäumt hast.

V. 4: gepardelt – braune und schwarze Tüpfelungen auf hellem Grund; geflammt – flammenartig gemustert; V. 7: Trappe – Kranichvogel; V. 11: Herr Buffon – evtl. Bezug auf Georges-Louis Leclerc, Comte de Buffon, ein französischer Naturforscher im Zeitalter der Aufklärung; V. 12: Handschwinge – äußere, große, kräftige Feder; V. 13: Fahnen – die Seiten links und rechts des Kiels; V. 14: Spule – unterer Teil des Federkiels; V. 15: Ende des Kiels – auch unterer Nabel genannt; V. 16: Seele – kleines Häutchen im Inneren des Federkiels; V. 19 f.: Haken-, Bogen-, Federstrahlen – feine Bestandteile in den Fahnen.

Auch Enzensbergers Reisegedicht lebt von der Kontraststruktur, allerdings ergibt sich diese nicht aus einem vergleichenden Rückblick in die Vergangenheit als vielmehr aus der **Gegenüberstellung zweier gegensätzlicher Bereiche**, die trotzdem Gemeinsamkeiten aufweisen: hier die künstlich sterile Atmosphäre des abgeschotteten großen **Flughafens**, dort die kleine Feder als Abkömmling eines ‚Fliegers' aus der **Natur**. Beide Bereiche sind durch ein ganz unterschiedliches Vokabular gekennzeichnet. Anfang und Schluss des Gedichts gehören den automatisierten Abläufen des Flugverkehrs an; beschrieben wird die Situation eines Flugreisenden, der nach dem Einchecken im „Terminal B" (Titel) „[g]leich hinter der Sicherheitsschleuse" (V. 1) den Flugsteig (vgl. V. 11) und den „auf Position 36 lautlos dröhnende[n] / Jumbojet" (V. 27 f.) ansteuert. Der Binnenteil des Textes (Strophe 2) grenzt sich dagegen durch die detaillierte, mit Fachbegriffen gespickte Beschreibung einer Feder ab, nachdem der Reisende diesen kleinen Fremdkörper „auf dem polierten schwarzen Granit" (V. 2) der Abflughalle gefunden, aufgehoben und in Augenschein genommen hat.

Die Feder verzögert den Reiseantritt, fasziniert versinkt der Reisende in das Studium dieses kleinen Wunderwerks. Es ist wie ein Innehalten im Getriebe des Unterwegsseins und man fühlt sich unwillkürlich an Brechts *Radwechsel* (vgl. S. 105) erinnert. Doch Enzensbergers Reisender denkt nicht über den Sinn seiner Reise nach, er vergisst sie (vgl. V. 28). Und je weiter der Flughafen entrückt, desto mehr gewinnt der **lyrische Sprecher** in der intensiven Beschäftigung mit der Feder an Kontur. War eine Person bisher nur über die anonyme Stimme eines

Lautsprechers zu verneh-
men (vgl. V. 11), so schält
sich in der Begegnung mit
der Feder ein Ich heraus, das
mit sich selbst (vgl. die erst-
malige Erwähnung eines
Personalpronomens in
V. 18) im Gespräch vertieft

ist. Dabei berührt und benennt dieses Ich nicht nur all die Details der Feder, es lässt sich auch von ihr **berühren**, bis ihm „die
Tränen kommen" (V. 22).

In diesem Austausch mit der Feder ereignet sich alles, was
wirkliches Reisen ausmacht: die **Begegnung mit der Natur**
und ihren Besonderheiten, das **Sich-Zeit-Nehmen**, der Blick
für das Kleine, schließlich das Wahrnehmen der inneren Vor-
gänge, der **Mentalität** („die Seele", V. 16) – und all das gepaart
mit Sachverstand und Gefühl. Es ist dieser interessierte Kontakt
mit der natürlichen Umwelt, der eine Reise zu einer Erfahrung
macht, welche die künstliche Welt im Niemandsland moderner
Transithallen und Hotelareals gerade verhindert.

Enzensberger hat, wie er im Untertitel seines Lyrikbandes
selbst bekennt, ein **moralisches Gedicht** geschrieben. Es ist ein
Plädoyer für die scheinbare Geringfügigkeit des Naturschönen,
verkörpert durch die Feder in ihrer Vollkommenheit, und eine
Absage an die technische Gigantomanie, repräsentiert durch den
Jumbojet. Und es ist ein Hinweis an uns heute, dass wir nicht
abgetrennt von der Welt reisen, sondern im **Austausch** mit ihr,
möglichst ohne ihrem Klima Schaden zuzufügen. Denn es stellt
sich mit Nora Bossong die Frage, ob wir uns überhaupt als Menschen erfahren, wenn wir abgeschottet hinter Isolierglas in
Gangways und Fahrgastzellen, ohne einen verantwortenden
Bezug und außerhalb von allem kreuz und quer durch die Welt
düsen:

Nora Bossong
Außerhalb (2014)[39]

Schnell wirbeln Lichter, als rotierten um uns
Sonnen. Zurückgekrümmt in meinen Sitz, leg ich
das Ohr ans Fensterglas: kein Umland hörbar.
Und links und rechts die Stadt: nur grelle Flecken.
5 *Macht es was aus, frag ich, dass draußen alles*
hypothetisch bleibt? Du lässt
die Scheibenwischer vor uns zucken.

Doch keiner von uns wagt, den andern anzusehen,
das Zeitgefühl verschwimmt in Kilometern
10 *und während eine monotone Stimme*
ein Wetter ansagt, das uns nicht betrifft,
fragst du, ob man wohl menschlich bleibt,
so mitten auf der Fahrbahn, außerhalb von allem?

Die Bilder legen die Vorstellung einer **nächtlichen, regneri-
schen Autofahrt** nahe: Entgegenkommende Scheinwerfer, die
wie Sonnen rotieren (vgl. V. 1), Fensterglas (vgl. V. 3), Scheibenwischer, die betätigt werden (vgl. V. 7), sowie ein lyrisches Ich
und ein Du, die nebeneinander durch die Windschutzscheibe zu
starren scheinen. Offensichtlich ist das **lyrische Ich der Bei-
fahrer**, denn es versucht sich zurückzulehnen, um mit dem Ohr
am Fensterglas etwas von draußen zu vernehmen (vgl. V. 2 f.).
Doch außer den Lichtreizen scheint es keine Resonanz zu geben:
„kein Umland hörbar" (V. 3). Die **Außenwelt** entzieht sich der
sinnlichen Wahrnehmung, ihre Existenz kann aufgrund der
schlechten Sichtverhältnisse und des abgeschotteten Autoinnen-
raums nur **hypothetisch** vorausgesetzt werden.

Damit bleibt der Platz im **Fahrzeuginnenraum als einziger
Rest menschlicher Wirklichkeit** übrig. Doch auch hier ist die
Resonanz fraglich. Das Miteinander ist aufgrund der Sitz-
position der Insassen doch eher ein Nebeneinander, keiner

„wagt, den andern anzusehen" (V. 8). Die medialen Informationen (vgl. die Wetteransage im Radio, V. 10 f.) greifen nicht und die **Kommunikation** verläuft **schleppend**. Auf die Frage nach der Existenz einer Außenwelt erhält das lyrische Ich als Antwort nur das gleichgültige Zucken der Scheibenwischer und nach einigem Zögern eine Gegenfrage, mit der der Fahrer das Menschsein „so mitten auf der Fahrbahn, außerhalb von allem" (V. 13), in Zweifel zieht.

Das **Reisen** mit modernen Verkehrsmitteln wird in der Lyrik der Gegenwart nicht selten zur **Metapher menschlicher Verlorenheit**. Bossongs Gedicht ist ein Beispiel dafür, wie sich während des Unterwegsseins in abgeschotteten Maschinen die Bezüge zur Außenwelt verflüchtigen, die Zeit verschwimmt und die Kommunikation der Insassen wie die Fahrzeuge ins Leere zu laufen scheinen. Die Erfahrung des Anderen, eine Grundvoraussetzung für das Reisen und für das Menschsein überhaupt, droht verloren zu gehen. Das **Zeitalter der Globalisierung** und unbegrenzter Reisefreiheit enthält auch die Paradoxie, **zugleich überall und nirgendwo** sein zu können. Oder wie es der Schriftsteller und Literaturwissenschaftler W. G. Sebald schon früh in einem Epigramm aus den 1960er-Jahren formulierte:

W. G. SEBALD
Schwer zu verstehen (1964)[40]

Schwer zu verstehen
ist nämlich die Landschaft,
wenn du im D-Zug von dahin
nach dorthin vorbeifährst,
5 während sie stumm
dein Verschwinden betrachtet.

Zusammenfassung

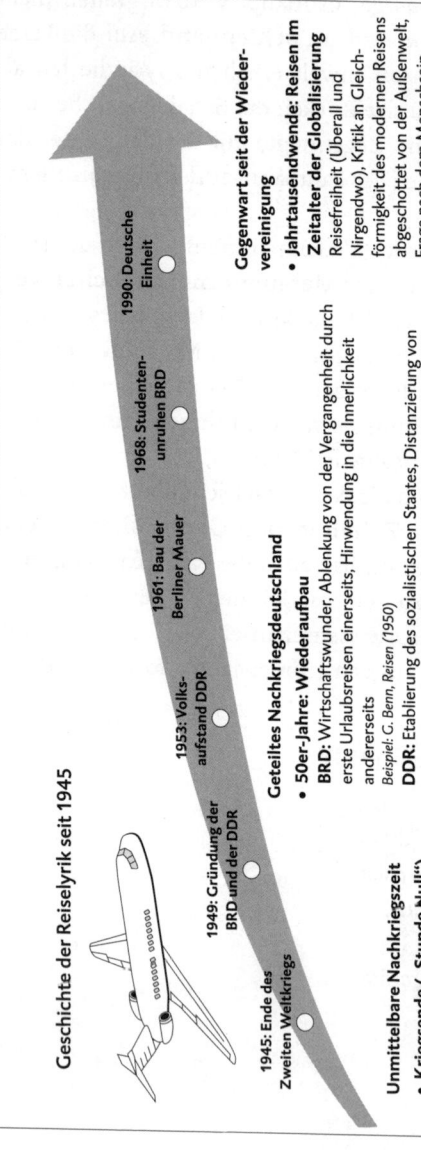

Geschichte der Reiselyrik seit 1945

1945: Ende des Zweiten Weltkriegs

1949: Gründung der BRD und der DDR

1953: Volksaufstand DDR

1961: Bau der Berliner Mauer

1968: Studentenunruhen BRD

1990: Deutsche Einheit

Unmittelbare Nachkriegszeit

- **Kriegsende ("Stunde Null")**
  Besetztes Deutschland in Trümmern
  Ende der (inneren) Emigration, Rückkehr in fremd gewordene Heimat
  Beispiel: E. Fried, Exil (1946)

Geteiltes Nachkriegsdeutschland

- **50er-Jahre: Wiederaufbau**
  BRD: Wirtschaftswunder, Ablenkung von der Vergangenheit durch erste Urlaubsreisen einerseits, Hinwendung in die Innerlichkeit andererseits
  Beispiel: G. Benn, Reisen (1950)
  DDR: Etablierung des sozialistischen Staates, Distanzierung von faschistischer Vergangenheit und Abgrenzung zum Westen
  Beispiel: B. Brecht, Der Radwechsel (1953)

- **60er- / 70er- / 80er-Jahre: Aufkommen des Massentourismus**
  DDR: Strikte Begrenzung der Reisefreiheit
  Beispiel: W. Kirsten, Ausflug (1969)
  BRD: Freies, beliebiges Reisen, Pauschalreisen in den Süden
  Beispiele: W. G. Sebald, Schwer zu verstehen (1964); R. Thenior, Gran Canaria (1973); K. Kiwus, Freie Fahrt (1976)
  Reisen um des Reisens willen, Austauschbarkeit der Orte
  Beispiel: S. Kirsch, Fluchtpunkt (1982)

Gegenwart seit der Wiedervereinigung

- **Jahrtausendwende: Reisen im Zeitalter der Globalisierung**
  Reisefreiheit (Überall und Nirgendwo), Kritik an Gleichförmigkeit des modernen Reisens abgeschottet von der Außenwelt, Frage nach dem Menschsein
  Beispiele: H. M. Enzensberger, Terminal B, Abflughalle (1999); N. Bossong, Außerhalb (2014)

Epocheneinteilungen wie Barock, Sturm und Drang oder Expressionismus sind künstliche Konstruktionen der Literaturgeschichte, die sich oft erst viel später aus der historischen Distanz etabliert haben. Ihre Aussagekraft ist begrenzt, aber sie helfen, Gedichte mittels übergreifender Merkmale im Rahmen einer geistesgeschichtlichen Entwicklung einzuordnen und zu vergleichen. Je näher eine Zeitströmung an die Gegenwart heranreicht, desto schwieriger wird es jedoch, sie an einem einheitlichen Epochenbegriff festzumachen. Der Versuch, die Literatur in etwa der zweiten Hälfte des 20. Jahrhunderts analog zur vorausgegangenen Moderne als Postmoderne zu bezeichnen, ist für die Lyrik wenig erhellend gewesen. Der Überblick bis zur Gegenwart ist daher nicht stilgeschichtlich, sondern sozialgeschichtlich mit Bezug zu wichtigen Ereignissen im Nachkriegsdeutschland gegliedert.

Abgesehen von der unmittelbaren **Nachkriegszeit**, in der das kulturelle Leben weitgehend zerstört war und sich das **Reisen** eher auf die **Rückkehr aus Exil** und Gefangenschaft beschränkte, lässt sich die Entwicklung der Reiselyrik grob in drei Abschnitte fassen. Dabei setzen die **Teilung Deutschlands** in zwei unterschiedliche Staaten und die Wiedervereinigung die entscheidenden gesellschaftlichen Rahmenbedingungen. Zu Beginn der 1950er-Jahre spiegeln die beiden lyrischen Altmeister, Gottfried **Benn** und Bertolt **Brecht**, die bereits im Expressionismus ihre ersten Gedichte schrieben, mit ihren jeweiligen Wohnsitzen in West- bzw. Ostberlin und ihren verschiedenen Schicksalswegen die getrennten Republiken wider. Für Benn, der den Nationalsozialismus zunehmend zurückgezogen überlebte, ist das Reisen in seinem gleichnamigen Gedicht keine Option vor dem Hintergrund der eigenen inneren Leere. Brecht, der sich nach vielen Stationen im Exil in der DDR ansiedelte, sieht dagegen in seinem Epigramm *Radwechsel* das ganze Leben als eine Reise an, die er nach dem Woher und dem Wohin befragt.

Der nach dem Wiederaufbau der beiden Staaten aufkommende **Massentourismus** in den 1960er-, 1970er- und 1980er-Jahren wird auch in einer zunehmend **gesellschaftskritischen Lyrik** mit starker Nähe zur Prosa thematisiert. In der Deutschen Demokratischen Republik sind mit dem Bau der Mauer die Reisemöglichkeiten allerdings arg begrenzt (vgl. W. Kirsten), während in der Bundesrepublik Deutschland der Slogan der „Freien Fahrt" (vgl. K. Kiwus) und die Pauschalreisen in den Süden (vgl. R. Thenior) in Mode kommen. In der Nähe zur Jahrtausendwende hinterfragt die Lyrik im Zuge der **Globalisierung** und des wachsenden Fernverkehrs verstärkt das Reisen mit Blick auf Entfremdungstendenzen. Kritikpunkte sind die Austauschbarkeit der Reiseziele (S. Kirsch), die Gleichförmigkeit der Tourismusindustrie (vgl. Enzensberger) und die Distanz zur Außenwelt aufgrund der modernen, schnellen Verkehrsmittel (N. Bossong).

Übungsaufgabe 6

Aufgaben

1. Formulieren Sie in eigenen Worten den Kerngedanken von W. G. Sebalds kurzem Gedicht *Schwer zu verstehen* (siehe S. 121).

2. Erörtern Sie Sebalds Kerngedanken unter Einbezug ausgewählter Gedichte aus diesem Kapitel.

Lösungen

Übungsaufgabe 1

1. Das Gedicht entwirft das Bild einer Lebensreise, die an ihr Ende kommt. Der lyrische Sprecher verabschiedet sich rückblickend von der Welt (vgl. Titel und die Interjektion „Ade", V. 12). Diese scheint mit einem Fluch beladen zu sein und wird als „See voll rauer Stürme" (V. 12) angesprochen. Das Meer ist also hier als Sinnbild für die Welt zu verstehen. Das Schiff wiederum symbolisiert das Leben, das der Schiffer durch die stürmische See steuert. Schaut man sich diese Metaphorik genauer an, so könnte das Schiff für den Körper („Mein oft bestürmtes Schiff", V. 1) und der Geist (vgl. V. 9) als Schiffer oder Steuermann für das Ich des lyrischen Sprechers stehen. Dabei muss die Lebens(see)reise viele Widrigkeiten und Gefahren bestehen, kaum kontrollierbar ist das Schiff dem Spiel der Wellen ausgesetzt (vgl. V. 2) und oft fehlt dem Schiffer die Orientierung („Wie oft hab ich den Wind / und Nord' und Sud verkennet!", V. 7). Eine solche Lebensreise hinterlässt auf Dauer Spuren, der Körper wird gebrechlich („Wie schadhaft ist Spriet / Mast / Steuer / Ruder / Schwert und Kiel.", V. 8), der Geist müde (vgl. V. 9).
Der Hafen am Land („Port", V. 4, 10) ist das Ziel der Seefahrt, zugleich steht er für den Endpunkt des Lebens, wird doch mit ihm die Welt (das Meer) hinter sich gelassen. Für die Seele ist es der Heimathafen, nach dem es sie drängt („Port / den meine Seele will", V. 4). Körper (Schiff) und Geist (Schiffer) sind dagegen an die Welt (Meer) gewöhnt, ihnen graut es vor der endgültigen Landung (vgl. V. 10). In diesem Bild kommt die Angst des Menschen vor dem Tod zum Ausdruck. Doch der Hafen ist eben auch das Ende aller Mühen und Schmerzen in der Welt (vgl. V. 11). Mit der Anlandung vollzieht sich der Übertritt in die Transzendenz, ins „Vaterland" (V. 13), den himmlischen Bereich (im Sinne der Auferstehung der Seele). Der Kontrast zwischen dem irdischen Leben und dem Leben nach dem Tod wird deutlich markiert: Die Immanenz ist gekennzeichnet durch stürmi-

sche Unbeständigkeit (vgl. die komplexe Meeresmetaphorik V. 1–3), Düsternis (vgl. V. 5) und Gefahr des Untergangs, die Transzendenz wird dagegen als Sphäre des Glücks, der Ruhe und des Schutzes beschrieben und im Sinne der Beständigkeit des Ewigen Lebens mit einem „ewig-lichte[n] Schloss" (V. 14) verglichen.

2. Das regelmäßig gebaute Sonett (auf zwei Quartette mit umarmenden Reimen folgen zwei Terzette mit Schweifreim) führt in den tradierten, festgelegten Bildern vom schwankenden Lebensschiff das menschliche Leben und seine Erlösung im Sinne einer „letzten Reise" (Motiv: Memento mori) vor. Im ersten Quartett wird das Thema entfaltet: Nach einer Lebensreise auf einem Meer voller Unbeständigkeit und Gefahren erreicht das lyrische Ich den Hafen, der für den Tod, aber auch für das Ewige Leben steht. Das zweite Quartett wechselt die Perspektive und lässt in Erinnerung (Tempus: Präteritum/Perfekt) verschiedene Situationen aus dem gefahrvollen Leben vor dem inneren Auge vorüberziehen. Im ersten Terzett ringen noch Angst vor dem Tod und Aussicht auf Erlösung von Schmerz und Pein miteinander. Im abschließenden Terzett ist dagegen endgültig der Übergang ins Ewige Leben vollzogen, die stürmische Welt wird verlassen, es dominieren positiv konnotierte Bilder von Beständigkeit, Licht und Frieden.

Übungsaufgabe 2

1. Das in drei gleich lange Strophen gegliederte Gedicht schildert die Eindrücke während einer Kahnfahrt. Es könnte sich um eine Bootsgesellschaft handeln, vielleicht befährt aber auch ein Paar das Wasser, neben dem lyrischen Ich könnte es die Frau sein, an die das Gedicht gerichtet ist. Hinweise erhalten wir neben der vorangestellten Widmung durch die Personalpronomen in der mittleren Strophe („uns", V. 8) und in der letzten Strophe („Mir", V. 14; „ich", V. 17). Genau genommen beschreibt das Gedicht keine Fahrt, sondern einen dahingleitenden besonderen

Augenblick auf dem Wasser: Es ist der Zeitpunkt, wenn die Sonne untergeht („Über den Wipfeln des westlichen Haines, / Winket uns freundlich der rötliche Schein;", V. 7 f.) und sich in der anderen Richtung auf dem Wasser unter dem Schilf spiegelt („Unter den Zweigen des östlichen Haines / Säuselt der Kalmus im rötlichen Schein", V. 9 f.). In diesem Moment, in dem Himmel und Hain im rötlichen Schein eine Einheit darstellen (vgl. V. 11) und sich der Abendtau zu bilden beginnt, scheint die Zeit stillzustehen („Ach, es entschwindet mit tauigem Flügel / Mir auf den wiegenden Wellen die Zeit", V. 13 f.).

Dieser gedehnten Zeit entspricht ein immer gleichbleibendes Metrum (Trochäen mit Daktylen) und immer gleiche Reime, bei denen sich dieselben Worte wiederholen (identische Wortreime). Diese fast an Monotonie grenzende Gleichförmigkeit passt darüber hinaus zum ewigen Hin und Her der Wellenbewegung. Wenn wir genau überlegen, ist der gedehnte Augenblick jedoch Ausdruck von Ewigkeit und Vergänglichkeit zugleich. Wenn die Zeit entschwindet, dann vergeht sie ja auch. Gestützt wird diese Paradoxie durch das Bild der untergehenden Sonne und den Seelenflug, beide weisen auf die Endlichkeit des Tages bzw. des Lebens hin. Von der Seele ist bereits in der ersten Strophe die Rede (vgl. V. 4). Das Bild der auf einem Kahn dahingleitenden Seele könnte man mit der mythischen Erzählung vom Fährmann Charon assoziieren, der die Toten über den Fluss ins Jenseits rudert. Am Gedichtende scheint die zukünftige Vision auf, wie das Ich selbst auf strahlendem Flügel der Zeit entschwindet. Das *Lied auf dem Wasser zu singen* feiert einen zauberhaften Moment, in welchem der lyrische Sprecher der Zeit und der Erdenschwere enthoben zu sein scheint, sodass der Genuss des zeitlosen Augenblicks und Todesahnungen zusammenfallen.

2. Beide Gedichte weisen im Sujet und in der formalen Gestaltung Gemeinsamkeiten auf: Sie haben eine Kahnfahrt mit mehreren Personen zum Thema, sind in drei Strophen bzw. drei Sinnabschnitte gegliedert und sie verwenden Daktylen, die die tänzelnden Bewegungen und die flimmernden Spiegelungen auf dem

Wasser zum Ausdruck bringen. Die Unterschiede zwischen beiden Gedichten überwiegen jedoch. Stolbergs Text bevorzugt das Prinzip der Wiederholung und des Gleichklangs: Im Takt der Wellen (gleichbleibendes Metrum: Trochäen und Daktylen) kehren die Wörter und Bilder immer wieder, der Augenblick wird in der Wellenbewegung zur Dauer, das Ich und die Zeit entschwinden. Goethes Gedicht ist dagegen auf Veränderung aus. Das lyrische Ich verschwindet nicht, wie im Zeitraffer scheint es während der Kahnfahrt vom Embryo zum Kleinkind und schließlich zum Erwachsenen zu reifen. Dabei verkehrt sich das Verhältnis zur Umgebung: Aus der Abhängigkeit von Mutter Natur wird ein selbstständiges Einfinden in die Ganzheit des Naturraumes. Diese Veränderung spiegelt sich auch in der formalen Gestaltung wider, das Metrum (Jambus in Strophe 1, Trochäus in Strophe 2, Trochäen und Daktylen in Strophe 3) und die Reime wandeln sich mit jeder Stufe der Entwicklung.

Übungsaufgabe 3

1. Eichendorffs 3-strophiges Gedicht *Die blaue Blume* ist ein einfach gebauter, für die Romantik typischer lyrischer Text mit den Motiven der unstillbaren Sehnsucht und des unentwegten Wanderns. Beide Motive werden durch das Stilmittel der Repetitio in einer eindringlichen Weise hervorgehoben, das den gesamten Aufbau des kurzen Gedichts bestimmt: Der unvermittelt einsetzenden und sich in der zweiten Zeile wiederholenden Feststellung „Ich suche" (V. 1 f.) haftet etwas Unumstößliches an, das durch den schlichten parataktischen Satzbau verstärkt wird. Die zwangsläufige Folge dieser „Sehn-Suche", das wandernde Umherziehen, wird mit der die beiden weiteren Strophen jeweils einleitenden Aussage „Ich wandre" (V. 5, 9) in ähnlich verknappter Unbedingtheit formuliert.

   Dabei fällt in der Reihenfolge der Äußerungen auf, dass die Suche von Vornherein aussichtslos zu sein scheint, denn gleich zu Anfang des Gedichts wird der doppelt betonten Suche ihr definitiv ausbleibender Erfolg parataktisch hinzugesellt: „Ich suche und finde sie nie" (V. 2). Dass die Wanderschaft in den Folgestrophen dennoch unternommen wird, unterstreicht ihre Unabschließbarkeit und Vergeblichkeit. Die dreistufige Klimax von „Ich suche, ich wandre, ich finde", die der Aufbau der drei Strophen unwillkürlich erwarten lässt, wird durch ein weiteres „Ich wandre" an dritter Stelle zunichtegemacht.

Was der Wanderer eigentlich sucht, ist im Titel vorgegeben: *Die blaue Blume*. Abgesehen von ihrer einprägsamen Bezeichnung (vgl. die Alliteration ‚bl'-‚bl') erfahren wir nichts Konkretes über sie. Es heißt lediglich, dass diese besondere Pflanze das Glück des Wanderers ausmache (vgl. V. 4). Dabei kann „Glück" vieles bedeuten, z. B. ein zufriedenes Leben oder eine erfüllte Liebe. Es kann sich aber auch im Sinne der Glücksgöttin Fortuna auf die Macht des Schicksals beziehen. Wichtig ist, dass die blaue Blume dem lyrischen Ich – ähnlich wie Heinrich von Ofterdingen in Novalis' Romanfragment – im Traum erschienen ist. Der fiktive Charakter der blauen Blume und die Aussicht, dass sie in einer Welt der Tatsachen nicht zu finden ist, werden dadurch hervorgehoben. Auch der lyrische Sprecher wird nicht näher beschrieben. Einzig das Attribut der Harfe (vgl. V. 5) deutet auf eine musisch-künstlerische Ausrichtung hin, ein typischer Wesenszug, gehen doch in den romantischen Gedichten das Wandern und das Singen bzw. Musizieren eine innige Verbindung ein.

Als Fazit lässt sich sagen, dass es sich bei diesem einfach gebauten Text um ein typisches melancholisch grundiertes Sehnsuchtsgedicht handelt. Der Suche nach dem Glück ist kein Erfolg beschieden, das Verlangen bleibt ewig ungestillt, was das dreimalige „nie" (V. 2), „nirgends" (V. 7), „nirgends" (V. 11), am Schluss von einem schmerzlichen „ach" (V. 12) begleitet, zum Ausdruck bringt. Und trotz dieser Aussichtslosigkeit wird weiter, ja, scheinbar ewig fortgewandert. Die blaue Blume steht auch als Symbol für den Weg zur Selbsterkenntnis. Vielleicht ist es ja die Erkenntnis, dass unsere Lebensreise von Träumen und Sehnsüchten angetrieben wird, die sich nicht vollends erfüllen lassen, weil Traum und Wirklichkeit sich immer als Gegensätze gegenüberstehen.

2. *Da die zwei Gedichte bereits einzeln analysiert wurden, wird hier lediglich der abschließende Vergleich dargestellt.*

Beide Gedichte entwerfen das Bild einer schönen, vielleicht mediterranen Landschaft mit Palästen und Marmorbildern, die jenseits eines Gebirgszugs liegt und Gegenstand der Sehnsucht ist. Trotz dieser deutlichen Gemeinsamkeit unterscheiden sich die Texte in ihrem inhaltlichen wie auch formalen Aufbau.

Dies zeigt sich bereits in der anders gestalteten Ausgangssituation: In Eichendorffs Gedicht lauscht ein lyrisches Ich einsam am Fenster dem von zwei Gesellen gesungenen Wanderlied, das sich als symbolischer Binnentext für die Sehnsucht zu verselbstständigen scheint und anstelle des lyrischen Ich auf die Reise geht. In Goethes Gedicht finden wir dagegen eine dialogische Situation vor. In einer dreistrophigen Steigerung deutet das Mädchen Mignon ihrem Begleiter gegenüber den Ort ihrer Sehnsucht an und fordert ihn zum Aufbruch dorthin auf. Über drei im Auftakt jeweils gleich beginnende rhetorische Fragen („Kennst du…") werden Ziel und Weg konkret benannt; in der ersten Strophe steht die ersehnte Landschaft mit typisch südländischen Früchten und Pflanzen im hellen Tageslicht, ergänzt in der zweiten Strophe um ein prächtiges Gebäude mit kunstvollem Inventar; die Schlussstrophe zeigt schließlich den gefahrvollen Weg dorthin an. In Eichendorffs Gedicht erklingt das Sehnsuchtslied dagegen in anderer, nämlich chronologischer Folge, d. h. zunächst geht es über den Felsensteig, um dann durch kunstvolle Gärten im träumerischen Dämmerlicht an einem Palast anzukommen, wo das Lied mit den Sehnsüchten der Mädchen am Fenster beim Klang der Laute verschmilzt.

Fazit: Mignon benennt ihre Sehnsucht nach Italien und kennt ein klares Ziel. Demgegenüber wird in dem romantischen Gedicht die Sehnsucht selbst zum Subjekt und weht als Lied träumerisch ohne endgültiges Ziel durch einen stimmungsvollen Klangraum, der mediterrane Züge annimmt, aber imaginär bleibt.

Übungsaufgabe 4

Vor allem zwei Gründe sprechen dafür, die Entstehungszeit von Karl Bleibtreus Gedicht in der zweiten Hälfte des 19. Jahrhunderts anzusiedeln. Erstens wird in der Geschichte der Eisenbahn der „Schnellzug" (siehe Gedichttitel) erst ab ca. 1850 vermehrt eingeführt. Ein weiterer Grund für die zeitliche Einordnung bezieht sich auf die Kernaussage des Gedichts. Die Reise mit der Dampflokomotive wird im übertragenen Sinn als Ausdruck des Fortschritts begriffen. Ähnlich wie in von Saars realistischem Gedicht bringt das rasante Rollen durch die Landschaft das lyrische Ich zu einer nachdenklichen Einsicht in das Voranschreiten der Zeit, jedoch nicht über eine rückblickende Schau auf das eigene Leben, sondern über einen Vergleich der Zugfahrt mit der vorwärtseilenden Weltgeschichte: „Da ich so sinnend lauschte, / Da plötzlich däuchte mir, / Dass mit uns weiterrauschte / Die Weltgeschichte hier." (V. 21–24) Anders als noch im Denken der Vormärz-Epoche aus der ersten Hälfte des Jahrhunderts ist dieser weltgeschichtliche Fortschritt allerdings negativ konnotiert. Der Blick des Reisenden in die nahe Zukunft ist angstbesetzt, gleich drei Mal wird im Text ein tödlicher Unfall des Schnellzuges befürchtet (vgl. V. 11 f., 15 f. und 31 f.). Für den Leser wirkt es so, als stürze die Weltgeschichte im unaufhaltsamen Tempo auf eine Katastrophe zu.

Gesteigert wird dieser Eindruck durch die Situation des lyrischen Sprechers. Wie die erste Strophe zeigt, wird er trotz tiefer Nacht aufgrund des Lärms der Dampflokomotive, personifiziert als ungeheures Tier, um den Schlaf gebracht (vgl. V. 1–4). Die Alliteration zu Beginn der Folgestrophe verdeutlicht, dass sich diese Ruhelosigkeit auch in der Befindlichkeit des Dampfrosses widerspiegelt: „Die Räder rastlos rollten" (V. 5). Da die Räder, wie ausdrücklich gesagt wird, mit den Rädern der Zeit gleichzusetzen sind (vgl. V. 25 f.), kommt es zu einer Fortschrittsdynamik, die von den ruhelosen Passagieren durch ihr mit Nachdruck gefordertes „weiter, weiter!" (V. 29) noch befeuert wird. Mit der Dampflokomotive als Symbol für ein maschinelles Zeitalter entsteht das Bild einer weltgeschichtlich unaufhaltsamen Reise ans Ende des Jahrhunderts, das durch eine immer weiter gesteigerte technische Modernisierung sowie durch Massenindustrie und Verstädterung gekennzeichnet ist. Die vom lyrischen Sprecher befürchtete Zugkatastrophe könnte im Nachhinein als Prophezeiung jener internationalen Krise gelesen werden, die den Beginn des Ersten Weltkriegs auslöst.

Was den Titel, aber auch was die Kernaussage betrifft, weist Bleibtreus Gedicht *Schnellzug* eine deutliche Ähnlichkeit zu von Liliencrons *Der Blitzzug* auf. Wird in dem einen Text das Unheil eines Zugunglücks vorausgeahnt, so ereignet es sich in dem anderen Text in aller Drastik. In der Gestaltung unterscheiden sich die Gedichte jedoch. Bleibtreu beschreibt die Dynamik des Schnellzuges nicht impressionistisch in den verschiedensten Stimmungen. Vielmehr setzt er auf die konkret nachvollziehbare Situation eines lyrischen Ich, das sich als Reisender Bilder von einem möglichen Zugunglück ausmalt. Insofern lässt sich das Gedicht eher der Strömung des Realismus bzw. Naturalismus zuordnen. Dazu passt, dass das Gedicht 1886 entstanden ist.

Übungsaufgabe 5

Die Situation ist bereits in der Gedichtüberschrift angelegt: Das lyrische Ich (vgl. V. 6, 15, 18) ist Fahrgast einer Untergrundbahn in einer Metropole, sei es Berlin, London oder Paris. Offensichtlich ist die Bahn zunächst über Land gefahren, denn der lyrische Sprecher ist erfüllt von Frühlingsgefühlen aus der Natur (vgl. Strophe 1). Das „Dunkel" aus Strophe 4 könnte man so deuten, dass die Bahn nun in einen Tunnel einfährt.

Bei genauerer Analyse weist Benns Gedicht einige Ähnlichkeiten zu Stadlers *Fahrt über die Kölner Rheinbrücke bei Nacht* auf, nicht zuletzt ist es im selben Jahr entstanden. Allerdings geht im vorliegenden Gedicht der Blick des Fahrgastes nicht durch das Zugfenster nach draußen, sondern beschränkt sich auf eine fremde Frau, die das Abteil betritt. Der Leser erfährt von ihr aber nur durch die Gedanken des lyrischen Ich, die, analog zu den Frühlingsgefühlen, von erotischen Begierden bestimmt sind. Die Wunschvorstellungen erinnern an einen inneren Monolog, sie sind zum Teil schwer verständlich und von vielen Neologismen durchsetzt (z. B. „Rosenhirn, Meer-Blut", V. 9; „Hirnhund", V. 14).

Den Titel „Untergrundbahn" könnte man nicht nur als Begriff für ein modernes Fortbewegungsmittel, sondern auch als Sinnbild für das Unterbewusstsein verstehen. Das Gedicht hätte dann die untergründige „Gedankenbahn" des lyrischen Ich mit seinen sexuellen Vereinigungsfantasien während seiner Reise durch eine Großstadt zum Thema. Im Verlauf des Textes deutet sich an, dass der lyrische Sprecher der reinen erotischen Vorstellung überdrüssig wird („Ich bin der Stirn so satt", V. 15) und seiner Erregung lieber eine Tat folgen lassen würde, wie dies das Bild vom Phallus („Blütenkolben", V. 16; „schwölle", V. 17) erahnen lässt. Da es aber zu keiner konkreten Begegnung mit der fremden Frau zu kommen scheint und das Ich frustriert allein („So losgelöst. So müde.", V. 18) mit seinen Gedanken bleibt, rückt eine andere Form der Vereinigung in den Blick: Es ist dies das Sehnen („Fernes Glück", V. 20) nach dem Tod, der Auflösung des Ich im Kosmos, hier im tiefen Blau des Meeres. Es ist erstaunlich, wie sehr sich Benns und Stadlers Gedicht (vgl. „Zum Meer. Zum Untergang" in dem Bedürfnis nach Ekstase und Entgrenzung vor allem in den letzten Zeilen ähneln.

Übungsaufgabe 6

1. W. G. Sebald thematisiert in seinem Epigramm *Schwer zu verstehen* von 1964 die Problematik der wachsenden Mobilität des modernen Menschen. Unterwegs irgendwo auf Reisen (vgl. „von dahin / nach dorthin", V. 3 f.) lässt sich eine Landschaft nicht in der Weise wahrnehmen wie eine Umgebung, in der man zu Hause ist. Sebald konkretisiert dies im Bild des Zugreisenden, an dem die Außenwelt vorbeizufliegen scheint. Tatsächlich aber ist die Landschaft fest verortet, während der Zugfahrgast aus ihr verschwindet. Pointiert wird auf diese eigentliche Perspektive hingewiesen, wenn die personifizierte Landschaft den Reisenden vorübereilen sieht. Auf diese Weise scheint der Mensch unablässig in Bewegung zu sein, es fehlt ihm im Gegensatz zur Landschaft ein ruhiger Standpunkt des Betrachtens; in dem Moment,

in dem er eine Umgebung wahrnimmt, ist er bereits dabei, sie wieder zu verlassen. Aufgrund der Geschwindigkeit des Zuges ist ein echter Austausch zwischen Mensch und Landschaft unmöglich geworden, letztere ist „[s]chwer zu verstehen" (V. 1) und bleibt „stumm" (V. 5), d. h. sie spricht im doppelten Wortsinn den Reisenden nicht an.

2. Die literarische Erörterung könnte die Ausgangsfrage, ob der Mensch ‚aus der Landschaft verschwindet' an Beispielen aus den im Kapitel vorgestellten Gedichten belegen bzw. widerlegen. Mögliche Aspekte:

- Einleitung: Im Allgemeinen verbindet man mit dem Reisen, ob nun unterwegs oder am Ziel, weniger das Verschwinden als vielmehr das Entdecken von Landschaften. Reisen zielt nicht nur auf Entspannung (Thenior: „jeden Tag / Sonne und baden natürlich", V. 2 f.), sondern auch auf das Erleben von Natur und Kultur sowie auf die Begegnung mit Einheimischen und anderen Reisenden.

- Das Reisen in modernen Maschinen (Züge, Flugzeuge, Autos) ermöglicht eine größere Mobilität, aber es droht den Menschen von der Außenwelt zu entfremden: Er ist abgeschottet in Transithallen (Enzensberger: „hinter dem Isolierglas", V. 26) und in Fahrzeugabteils (Bossong: „kein Umland hörbar", V. 3), im Flugzeug entfernt sich der Reisende von der Erde in die Luft, aufgrund der hohen Geschwindigkeit der Züge und Autos rauscht die Landschaft am Reisenden wie ein verschwommener Filmstreifen vorbei (Kirsten: „die welt ein flüchtiges grün", V. 3; Bossong: „nur grelle Flecken", V. 4), die modernen Maschinen zwingen zur ständigen Weiterfahrt, der Mensch verweilt nicht, nimmt keinen Kontakt zur Umwelt auf (vgl. Kirsch, V. 8 ff.).

- Reiseverbot → Die Beschränkung des Reisens innerhalb der Staatsgrenzen der DDR und des Ostblocks (vgl. Kirsten) bewirkt, dass viele Landschaften nicht entdeckt werden können (Kirsten: „im unsichtbaren liegt die weite welt", V. 16);

Reisefreiheit → die „Freie Fahrt" führt unter Umständen zur Beliebigkeit (Kiwus: „blind / jeden beliebigen Punkt der Erde erreicht"), die Reiseziele verlieren ihre individuelle Kontur (Sebald: „von dahin / nach dorthin", V. 3 f.), die Aufenthalts- und Durchgangsorte werden gleichförmig (Thenior: „Bungalows und die Hotel-/Hochhäuser", V. 15 f.; Enzensberger: „Sicherheitsschleuse / auf dem polierten schwarzen Granit", V. 1 f.; Kirsch: „Alles ist austauschbar wo wir auch sind", V. 16).

- Das Reisen wie das Leben benötigt eine Balance von Fortbewegung und Innehalten; ein Zuviel an Mobilität, ein zu hohes Reise- und Lebenstempo bewirken Ungeduld, Anonymität; der Aufenthalt, das Trödeln und Verweilen (vgl. Kirsch), ja sogar die Zwangspause (vgl. Brecht) sind wichtig, um das Fremde zu entdecken und in Kontakt mit dem Anderen zu kommen (vgl. Enzensberger: das Berühren der Feder und das Berührt-Werden durch sie), aber auch, um sich zu besinnen (vgl. Brecht).

- Schluss: Damit das Reisen nicht in Beliebigkeit und Gleichförmigkeit mündet, bedarf es der bewussten Planung und der Achtsamkeit sowohl für die Wegstrecke als auch für das Reiseziel. Für das intensive Kennenlernen von Land und Leuten sind Innehalten, Verweilen und Einlassbereitschaft nötig, ansonsten führt die unablässige Fortbewegung in Richtung auf einen Fluchtpunkt (vgl. Kirsch) in die Leere (vgl. Benn).

Literaturhinweise

Gedichtsammlungen:

GREIF, VANESSA (Hrsg.): *Reisen. Gedichte.* Stuttgart: Reclam 2018.

LINDENHAHN, REINHARD / MERKEL, PETER (Hrsg.): *Lyrik. Reisen vom Sturm und Drang bis zur Gegenwart.* Berlin: Cornelsen 2018.

NUTZ, MAXIMILIAN (Hrsg.): *Reisegedichte. Vom Sturm und Drang bis zur Gegenwart.* Stuttgart: Klett 2018.

VORMBAUM, ULRICH (Hrsg.): *Reiselyrik.* Hallbergmoos: Stark 2018.

Weiterführende Literatur:

KAISER, GERHARD: *Geschichte der deutschen Lyrik von Goethe bis zur Gegenwart in zwei Bänden.* Frankfurt a. M.: Suhrkamp 1988.

MAHR, JOHANNES: *Eisenbahnen in der deutschen Dichtung. Der Wandel eines literarischen Motivs im 19. und im beginnenden 20. Jahrhundert.* München: Fink 1982.

SCHIVELBUSCH, WOLFGANG: *Geschichte der Eisenbahnreise. Zur Industrialisierung von Raum und Zeit im 19. Jahrhundert.* München: Hanser 1977.

WÖHRLE, PETER: *Abitur-Training – Deutsch. Gedichte analysieren und interpretieren.* München: Stark 2020.

Anmerkungen

1 Aus: Martin Opitz, *Weltliche und geistliche Dichtung.* Hrsg. von H. Oesterley. Berlin und Stuttgart: W. Spemann 1889, S. 107.

2 Aus: Christian Hoffmann von Hoffmannswaldau, *Gedichte.* Hrsg. von Manfred Windfuhr. Stuttgart: Reclam 1969, S. 103–108. Zitiert sind die Strophen 5, 6 und 7 aus dem insgesamt 18-strophigen Gedicht.

3 Aus: Andreas Gryphius, *Gedichte. Eine Auswahl.* Hrsg. von Adalbert Elschenbroich. Stuttgart: Reclam 1968, S. 18.

4 Ebd., S. 9. Schreibweise modernisiert.

5 Zit. nach: Hans Erich Bödecker, *Reisen: Bedeutung und Funktion.* In: *Reisen im 18. Jahrhundert. Neue Untersuchungen.* Hrsg. von Wolfgang Griep. Heidelberg: Carl Winter 1986, S. 91–110, hier S. 95.

6 Aus: Johann Wolfgang von Goethe, *Schweizer Reisen. Reisetagebuch Juni 1775.* In: Dtv-Gesamtausgabe, Bd. 28, München 1962, S. 5.

7 Aus: Johann Wolfgang von Goethe, *Sämtliche Gedichte. Erster Teil.* In: Dtv-Gesamtausgabe, Bd. 1, München 1961, S. 281 f.

8 Ebd., S. 60.

9 Aus: Johann Wolfgang von Goethe, *Wilhelm Meisters Lehrjahre.* Dtv-Gesamtausgabe, Bd. 15, München 1962, S. 127.

10 Aus: Johann Wolfgang von Goethe, *Römische Elegien.* In: Ders., *Sämtliche Gedichte. Erster Teil.* Dtv-Gesamtausgabe, Bd. 1, München 1961, S. 146.

11 Aus: *Lyrik des 18. Jahrhunderts.* Hrsg. von Karl-Otto Conrady. München: rororo 1968, S. 187. Erstdruck 1782 im Hamburger Musenalmanach.

12 Novalis, *Heinrich von Ofterdingen,* posthum 1802.

13 Aus: Joseph von Eichendorff, *Wanderlieder.* Berlin: Verlag der Nation 1966, S. 53–54.

14 Ebd., S. 104 f.

15 Die Loreley ist ein Felsen am Ufer des Rheins und der Name einer Nixe, die in den Gedichten Brentanos und Heines auf einem Felsen sitzt und die vorbeiziehenden Schiffer verzaubert und untergehen lässt.

16 Aus: Joseph von Eichendorff, *Wanderlieder.* Berlin: Verlag der Nation 1966, S. 7.

17 Aus der Wanderlieder-Sammlung (S. 46). Das Gedicht ist nicht zu verwechseln mit einem lyrischen Text gleichen Titels von 1834.

18 Aus: Joseph von Eichendorff, *Werke,* Bd. 4. München: Winkler 1978, S. 63.

19 Stuttgarter Morgenblatt für gebildete Stände, 17./18. Dezember 1835. Zitiert nach Artur Fürst, *Die Welt auf Schienen.* München 1918, S. 97 f.

20 Aus: Louise von Plönnies, *Gedichte.* Darmstadt: Carl Wilhelm Leske Verlag 1844, S. 182.

21 Aus: Justinus Kerner, *Sämtliche poetische Werke*. Hrsg. von Josef Gais-maier, Bd. 2. Leipzig: Max Hesse Verlag 1905, S. 36 ff.

22 Aus: Ferdinand von Saar, *Werke*. Hrsg. von J. Minor. Bd. 2. Leipzig 1908.

23 Aus: Wilhelm Arent (Hrsg.), *Moderne Dichter-Charaktere*. Berlin: Kam-lah 1885, S. 55 ff.

24 Aus: Stefan George, *Sämtliche Werke*. Bd. 2: *Hymnen, Pilgerfahrten, Algabal*. Stuttgart: Klett-Cotta 2005, S. 88.

25 Aus: Detlev von Liliencron, *Gesammelte Werke*, Bd. 3. Berlin: Schuster & Löffler 1911, S. 237 f.

26 Aus: Karl Bleibtreu, *Werk und Wille*. Dessau: Baumann 1886, S. 95 f.

27 Aus: Georg Heym, *Gedichte. Eine Auswahl*. Hrsg. von Gunter Martens, Stuttgart: Reclam 2008, S. 6.

28 Zit. nach Felix Philipp Ingold, *Literatur und Aviatik. Europäische Flug-dichtung 1909–1927*. Frankfurt: Suhrkamp 1980, S. 383.

29 Aus: *Die Aktion. Wochenschrift für Politik, Literatur und Kunst*. Hrsg. von Franz Pfemfert, 1911–1918. Nr. 36/37 (1914), Sp. 749 f.

30 Aus: Ernst Stadler, *Der Aufbruch. Gedichte*. München: Kurt Wolff 1920, S. 64.

31 Aus: Gottfried Benn, *Gesammelte Werke in vier Bänden*. Hrsg. von Dieter Wellershoff. Bd. 3: *Gedichte*. Wiesbaden: Limes 1960, S. 31.

32 Aus: Gottfried Benn, *Gesammelte Werke in vier Bänden*. Hrsg. von Dieter Wellershoff. Bd. 3: *Gedichte*. Wiesbaden: Limes 1960, S. 327.

33 Aus: Bertolt Brecht: *Werke. Große kommentierte Berliner und Frankfurter Ausgabe*. Hrsg. von Werner Hecht, Jan Knopf, Werner Mittenzwei und Klaus-Detlev Müller. Bd. 12: Gedichte 2. Sammlungen 1938–1956. Frankfurt a. M.: Suhrkamp 1989.

34 Aus: Günter Kunert, *Vor der Sintflut*. Das Gedicht als Arche Noah. Frank-furter Vorlesungen. München: Hanser 1985, S. 86.

35 Vgl. Hans Magnus Enzensberger, *Vergebliche Brandung der Ferne. Eine Theorie des Tourismus*. In: Merkur. Deutsche Zeitschrift für europäisches Denken, Nr. 126, August 1958.

36 Aus: Ralf Thenior, *Traurige Hurras. Gedichte und Kurzprosa*. München: Athenäum 1977, S. 33.

37 Aus: Sarah Kirsch, *Erdreich*. Stuttgart: DVA 1982, S. 28.

38 Aus: Hans Magnus Enzensberger, *Leichter als Luft. Moralische Gedichte*. Frankfurt: Suhrkamp 1999, S. 44.

39 Aus: Nora Bossong, *Reglose Jagd*. Gedichte. Springe: Zu Klampen-Verlag 2014, S. 31.

40 Aus: W. G. Sebald, *Über das Land und das Wasser. Ausgewählte Gedichte 1964–2001*. München: Hanser 2008, S. 7.